VINCENT NOYOUX

Grand voyageur, écrivain et journaliste, Vincent Noyoux est né à Paris en 1976. Reporter indépendant pour la presse nationale, il est l'auteur de nombreux guides touristiques chez Gallimard ainsi que de deux essais remarqués sur le voyage et l'aventure : *Touriste professionnel* (Stock, 2011) et *Chers aventuriers…* (Stock, 2013). En 2016, il publie son *Tour de France des villes incomprises* aux Éditions du Trésor.

# TOUR DE FRANCE DES VILLES INCOMPRISES

VINCENT NOYOUX

# TOUR DE FRANCE DES VILLES INCOMPRISES

ÉDITIONS DU TRÉSOR

MIXTE
Papier issu de sources responsables
FSC® C003309

Pocket, une marque d'Univers Poche,
est un éditeur qui s'engage pour la préservation
de son environnement et qui utilise du papier fabriqué
à partir de bois provenant de forêts gérées
de manière responsable.


ISBN : 978-2-266-27717-4
Dépôt légal : avril 2018

# PROLOGUE

Les voyageurs n'ont aucune imagination.

Ils partent explorer des terres lointaines parce qu'elles sont lointaines. Ils filent au bout du monde pour fuir leurs semblables. Là-bas, ils s'aperçoivent que le bout du monde est plein de monde. Plein de monde venu chercher le bout du monde.

Ils rêvent de Macao, de Katmandou, de Zanzibar, de Pondichéry… Des générations d'aventuriers y ont traîné leurs guêtres, envoûtés par on ne sait quelle magie exotique. Pourquoi pas eux ?

À côté de ça, en France, des villes sont purement et simplement ignorées. Châteauroux, Bar-le-Duc, Montluçon, Nevers… Elles sont là, quelque part sur une ligne de chemin de fer, au bord d'une route départementale, mais personne ne s'y rend. Le monde entier les dédaigne. Il en a toujours été ainsi. Alexandra David-Néel n'est jamais entrée clandestinement en Haute-Saône. Joseph Conrad, qui a tant écrit sur les mers du globe, n'a pas pondu une seule ligne sur le plan d'eau de la Ferté-Bernard.

Alors, quoi ? Allons-nous continuer à nous faire dicter nos envies d'ailleurs par des plumitifs (morts pour la plupart) accros aux charmes faciles des destinations lointaines ? N'avons-nous pas déjà écumé tous les vieux souks, escaladé toutes les pyramides, photographié toutes les femmes girafes ?

Il est temps de changer de braquet. Foin d'exotisme ! Place à l'endotisme. Bienvenue en France, terre d'aventures. Bienvenue dans des bourgades dont vous n'entendez jamais parler, ou alors en termes peu flatteurs. Bienvenue en rase campagne, bienvenue en zone pavillonnaire, bienvenue en lointaine banlieue.

Ce livre s'intéresse aux vilains petits canards du tourisme hexagonal, aux derniers de la classe, au ventre mou du pays. On n'y trouve pas de bars branchés ni d'abbayes classées. On n'y respire pas le vent du large à pleins poumons. On n'y croise aucune célébrité.

Qu'y trouve-t-on alors ? Tel est justement le but de cet ouvrage : partir à la découverte de territoires méconnus, dont on ne sait rien ou presque. Si ce n'est pas de l'aventure, ça !

Il me faut préciser ici que cette idée saugrenue m'est venue en réaction à mon noble métier de journaliste de voyage. Je suis payé pour découvrir les plus beaux endroits de la planète, des sommets himalayens aux forêts primitives, des déserts de sable aux îles volcaniques. J'écume les plus beaux villages de France et dors dans des hôtels cossus. Tout cela est parfait. Un jour, pourtant, j'ai voulu revenir à des choses plus simples. Partir moins loin. Visiter des sites de second rang, pour voir ce qu'ils avaient à me dire. Dormir dans des hôtels une étoile. Ce n'était pas le dégoût des destinations chic ni l'attrait du glauque. Encore moins la marque d'un snobisme décalé. Juste une envie d'aller vers ce qui est habituellement méprisé, avec l'intuition que ce désamour n'est pas tout à fait mérité.

J'ai donc choisi douze destinations en France. Douze lieux où l'on n'irait jamais passer un week-end : sous-préfecture déprimante, station thermale pour rhumatisants, vallée sinistrée, port industriel, ville de garnison… Notre beau pays ne manque pas de territoires a priori rebutants. La sélection fut impitoyable. J'écartai toutes les mornes villes que parviennent à sauver du néant la présence d'un monument important, la fabrication d'une spécialité locale ou la naissance d'un grand homme, même lointaine. Rien de remarquable ne devait flatter l'œil ou susciter la curiosité. Rien ne devait racheter la médiocrité du lieu. Au contraire, la mauvaise réputation d'une ville ou d'une vallée plaidait en sa faveur.

J'ai donc fini par choisir deux modestes préfectures, Vesoul et Guéret ; une « ville nouvelle », Cergy-Pontoise ; une bourgade oubliée du bocage, Cholet ; une ville marquée par la guerre, Verdun, et d'autres par la crise, Mulhouse et Vierzon ; une vallée usinière moribonde, le val de Fensch ; une cité méprisée du Nord, Maubeuge ; et une autre du Sud, Draguignan… La montagne ? J'ai opté pour deux stations thermales, que j'ai visitées hors saison, Châtel-Guyon et La Bourboule. La mer ? J'ai choisi un port plus connu pour ses chantiers navals que pour ses plages, Saint-Nazaire.

Je n'ai pas cherché à me rendre dans tous ces lieux aux périodes les plus favorables. Je n'ai pas voulu éviter la pluie, ni l'hiver, ni la morte-saison. Cette

France-là, je la voulais sans fard pour ne pas lui trouver d'excuses trop faciles.

J'ai commencé par Mulhouse, un matin glacial de janvier. J'ai terminé par Maubeuge, un après-midi pluvieux de novembre.

Et voici ce que j'ai vu.

# MULHOUSE

## L'Alsace sans les géraniums

« Ah bon ? Ça se visite, Mulhouse ? »

Lorsqu'une amie lui a dit ça, Dom Poirier a senti en lui la goutte d'eau faire déborder le vase – ou la goutte de Kro faire déborder la chope, comme on dit en Alsace. Alors il a pris le taureau par les cornes – ou la cigogne par le bec – et décidé de dévoiler les atours de sa ville aux sceptiques. Dom Poirier est devenu un « greeter », l'un de ces ambassadeurs bénévoles qui vous font visiter leur ville, leur quartier, leur pâté de maisons en échange de rien, parce ce que ça leur fait plaisir. À Mulhouse, le profil des greeters est varié. Cela va du retraité féru de chemins de fer (un cauchemar possible) à la mère de famille popote (parlons kouglof) en passant par le spécialiste de la finance ou le fan de hard-rock. Avec Dom Poirier, j'ai une chance folle : ce photographe de presse aux cheveux poivre et sel est aussi un artiste touche-à-tout (photo, graff, vidéo), un fin gastronome et un passionné d'histoire. Oui, il existe tout cela à Mulhouse, mais ça, on ne le sait qu'une fois sur place.

Reste à vouloir y aller, ce qui ne coule pas de source. Strasbourg ou Colmar d'accord, mais Mulhouse…

Disons-le, cette ville au passé industriel évoque assez mal l'Alsace riante des « winstubs » et des maisons fleuries. Sur place, l'impression est vite confirmée. En rejoignant le centre-ville à pied depuis la gare, on sent bien que l'on n'est plus dans la « France de l'intérieur », selon l'expression alsacienne qui désigne l'hexagone privé de l'Alsace-Lorraine. Toutefois il manque l'essence même de la bonne ville alsacienne : les maisons à pans de bois, les géraniums aux balcons, les cigognes sur les cheminées, les « cholis » canaux, un parfum de choucroute, enfin tout le sympathique folklore qui fait le bonheur des journaux télévisés sur le coup de 13 heures.

Mulhouse, c'est d'abord un grand bras d'honneur à Jean-Pierre Pernaut.

C'est aussi un soufflet à la face de ma petite personne, qui a choisi de débarquer un lundi de janvier, jour de fermeture des commerces. Il fait un froid à pierre fendre et il n'y a personne dans les rues. « Ce qui ne te tue pas te rend plus fort », lisé-je dans l'ascenseur de l'hôtel Kyriad où j'ai déposé mes bagages. Soit. Ressortons donc pour nous offrir une promenade solitaire sous la neige en attendant notre greeter.

Près de la jolie place des Chaînes, un luthier est penché au-dessus d'un violon au ventre caramel. Plus loin, un magasin de piercings et de tatouages.

Rue des Franciscains, on s'arrête devant la maison Loewenfels (XVIIIe siècle) dont la pierre arbore des volutes café au lait. Puis on passe, horrifié, devant une résidence carrelée comme une salle de bains (XXe siècle).

Le meilleur côtoie le pire. Les deux se rejoignent parfois. Les beaux bâtiments de la rue du Sauvage

– rebaptisée rue Adolf-Hitler en 1940 – méritent mieux que les devantures H&M, Numéricable, Foot Locker ou Virgin mobile. Les franchises ont transformé, ici comme partout ailleurs, le centre-ville en galerie commerciale à ciel ouvert. Les marques font le trottoir, putassières à souhait. Les piétons sont ravis, sauf le lundi.

À Mulhouse, tout le monde atterrit à un moment ou à un autre sur la place de la Réunion, le cœur de la cité médiévale. L'hôtel de ville et quelques demeures anciennes composent un joli décor de théâtre avec leurs façades en trompe l'œil – rares concessions au folklore alsacien.

Le temple Saint-Étienne lève sur ces fantaisies un sourcil austère. « Tout le monde le prend pour une cathédrale, mais c'est le plus haut temple protestant de France, m'apprend Dom Poirier, que je rencontre au bas des marches. Pas de salamalecs, le temps nous est compté. Je grimpe illico à sa suite dans les hauteurs de l'édifice. Pendant deux ans, mon guide y avait son studio photo, sous les combles. Lors d'un happening artistique, il passa du Brahms et du Pink Floyd dans la nef sur fond de vidéos. « Les platines étaient posées sur l'autel, au-dessus d'un vumètre[1] géant composé de 90 lampes de poche. Le pasteur est branché art contemporain… » Nous voici sous les combles. J'apprends que les hauteurs du temple ont servi de vigie pour les pompiers municipaux. L'un d'eux a même laissé un graffiti au mur : « Halley, 1910 », souvenir d'une comète qui n'incendia que le ciel. Mulhouse s'étend à nos pieds. En face, la colline du Rebberg et ses grandes demeures bourgeoises ; la ZUP à l'ouest ; la tour de

1. Appareil de mesure électrique du volume sonore.

l'Europe comme un trognon de pomme rongé sur trois côtés ; plus loin, les cheminées des anciennes manufactures de textile. « Mulhouse était surnommée "la ville aux cent cheminées" autrefois. Il n'en reste plus que cinq. On va les voir ? »

Le greeter est au guide conférencier ce que le ski hors piste est à la piste damée. On ne sait pas vraiment où il nous emmène ni ce qu'il va nous raconter. On sait seulement qu'il ne va pas s'arrêter devant chaque façade en récitant : « Cet édifice a été construit à la fin du XIVe siècle dans un style gothique tardif. » Il dira plutôt : « Le maire d'avant y organisait des parties fines » ou, dans le cas de Dom, quelque chose comme « j'ai mixé du Chopin ici, une nuit, avec des copains graffeurs ». Nous nous éloignons donc du vieux centre pour rejoindre une cité ouvrière que je n'aurais jamais trouvée tout seul. Parenthèse historique : au XIXe siècle, Mulhouse fut l'un des pôles industriels les plus importants d'Europe grâce à ses filatures. On la surnommait le « Manchester français ». Tout y était : une classe laborieuse, des quartiers ouvriers, des usines en brique, des cheminées crachant leur fumée au ciel. Nous marchons le long d'allées étroites bordées de maisons regroupées par quatre sous un même toit (le « carré mulhousien »). À chacune son jardinet, dans lequel règne l'ordre ou l'anarchie, selon la personnalité du propriétaire. L'habitat ouvrier mulhousien est un exemple de paternalisme patronal réussi, sur le mode « gagnant-gagnant » – chacun sait qu'un ouvrier propriétaire et choyé, c'est un travailleur docile et plus productif.

Au milieu du quartier ouvrier, des cubes de tôle colorée sentent les années 2000 à plein nez. Métal et verre, végétation sous grillage, esthétique de hangar arty : la Cité Manifeste est composée de logements sociaux, mais attention, conçus par Jean Nouvel, Shigeru Ban et autres pointures de l'architecture contemporaine. Mis en lumière par le plasticien Yann Kersalé, l'ensemble est aussi chaleureux qu'un porte-containers. Heureusement, de vrais gens habitent à l'intérieur.

Comme Dom connaît tout le monde, nous entrons chez un auteur de BD qui a réussi à faire de son bloc de béton brut un atelier accueillant. Nous abordons la mixité sociale du quartier Briand, véritable Bab El Oued avec sa librairie musulmane, ses épiceries remplies de tajines et de seaux d'olives, de tapis et de narguilés. Ses petits dealers aussi. « Les vieux Alsacos ne s'y retrouvaient plus, ils sont partis les uns après les autres », dit le dessinateur en rigolant. « Les cars de touristes suisses et allemands s'arrêtent au marché, ça leur évoque l'ambiance bigarrée d'un souk d'Afrique du Nord », lance Dom avec un sourire.

Nous repartons dans la grisaille pour tomber sur la grande usine DMC.

Cette fois nous y sommes ! De l'industriel pur et dur ! Longs bâtiments désaffectés, brique rouge et carreaux cassés, cheminées d'usine au milieu des herbes folles, atmosphère d'abandon. C'est immense et lugubre, mais on y pénètre avec la même excitation qu'une bande de gamins découvrant un terrain vague. L'entreprise textile DMC, qui fabrique encore du fil à broder, n'occupe plus qu'une petite partie du site. Le reste est en friche, mais un bâtiment d'usine a été investi par un collectif d'artistes, baptisé Motoco (pour « More to come »). Dom Poirier est de l'aventure, comme de bien entendu. Nous déambulons le long de vastes étages transformés en ruche artistique. Ici, une radio associative, là une troupe de théâtre, plus loin un sculpteur géorgien, et là-bas le peintre et musicien Denis Scheubel, qui s'interrompt dans son travail pour papoter. « Mulhouse est la seule ville que je connaisse qui ne soit pas de province », laisse-t-il tomber, énigmatique. Sous les palans et les poutrelles métalliques, une caravane, des chaises d'école, une cabine téléphonique, un coin cantine. Si j'étais un artiste, il ne me déplairait pas de travailler ici, dans cette bulle récréative où l'on peut laisser la bride libre à son imagination tout en côtoyant d'autres olibrius faits du même bois que soi.

Dehors, les flocons tombent sur un bar à caïpirinhas posé au bord d'un petit étang bucolique. Juste à côté, l'ancien réfectoire en brique – « le plus beau bâtiment de Mulhouse » selon Dom, qui n'a pas tort. Nous grimpons sur le toit de l'ancienne usine, où un plasticien projette de cultiver du thé vert. Dom, lui, rêve d'y installer des ruches d'abeilles. Vu d'en haut, le site DMC aligne ses immenses *sheds*[1] avec leurs toits en dents de scie. Les lignes obliques et parallèles composent un tableau au graphisme implacable, que je photographie comme je peux de mes doigts gelés. Dom me montre, à l'autre bout du site, un bâtiment trois fois plus grand que notre usine : 33 000 m$^2$ d'espace et tout à faire, photographie, audiovisuel, informatique, arts plastique, design. Les machines à carder ont disparu, l'utopie peut naître[2]…

1. Hangars.

2. Depuis mon passage, l'utopie a pris du plomb dans l'aile : l'accès au toit a été interdit pour des raisons de sécurité, les loyers

À un kilomètre et demi d'ici, l'ancien site de la Société alsacienne de constructions mécaniques (SACM) s'apprête à accueillir un ambitieux pôle numérique. Baptisé KMØ (Kilomètre zéro), cette vaste structure rassemblera start-up, campus universitaire, incubateurs, espaces de *coworking* dans les anciens ateliers de production. Après les métiers à tisser, les imprimantes 3D et les TechLab : un nouveau départ pour l'économie locale, espère-t-on. Après tout, Manchester a bien réussi à réhabiliter ses entrepôts, ses usines et ses docks. Pourquoi pas sa petite sœur alsacienne ?

Comme pour me montrer le chemin à suivre, Dom m'emmène voir la fonderie. La SACM y coulait autrefois le métal de ses locomotives, machines textiles, chaudières, etc. Le bâtiment, qui marie élégamment verre, métal et béton brut, abrite désormais une galerie d'art contemporain (la Kunsthalle) et la faculté de droit, d'économie et de gestion. Dom m'observe du coin de l'œil tandis que je hoche la tête. « Pas mal, hein ? En fait, Mulhouse, on la trouve moche quand on ne sait pas la regarder. C'est sûr, ce n'est pas Colmar, qui s'offre au premier venu. Mais Colmar, c'est mort après 17 heures. Mulhouse est bien plus vivante. »

« Hélas, ajoute-t-il, ce sont souvent les Mulhousiens qui en parlent le moins bien. » Dieu sait pourtant qu'ici, la médisance est sévèrement punie. Dans le café où nous nous sommes réfugiés, je peux voir sur le côté droit de l'hôtel de ville la figure du Klapperstein

---

ont doublé et le grand projet de « pépinière d'entreprises du futur » patine. Dom a tout de même planté des fleurs autour du petit étang qui jouxte le bâtiment.

(« pierre des mauvaises langues »). Cette grosse tête en pierre aux yeux exorbités et à langue pendue était attachée au cou des personnes coupables de calomnie. Du Moyen Âge jusqu'en 1781, les langues de vipère mulhousiennes devaient traverser ainsi la ville, et à dos d'âne pour faire mauvaise figure. Le Klapperstein original est exposé au musée de l'Hôtel de ville où je me calfeutre après avoir chaleureusement remercié et salué Dom Poirier. Il fait bon regarder tomber les flocons de neige à travers les baies à croisillons de la salle du Grand-Conseil, encore utilisée pour les mariages et les séances du conseil municipal. Le reste du musée a sur moi un délicieux effet soporifique. Tout ce qui m'ennuie le plus au monde a été rassemblé ici avec les plus grands soins : sceaux de chancellerie, pièces de monnaie, maquette de moulin ou d'abbaye, reconstitution d'un intérieur bourgeois, croix de procession, bible de Luther, rabot de menuisier, pots à pharmacie et, *last but not least*, serrures anciennes – qui, mais qui, peut bien s'intéresser aux serrures anciennes ? La présence du Klapperstein tranche avec les autres pièces du musée. Ce totem a quelque chose de primitif, de violent, de sauvage qui me sauve *in extremis* des sables emmerdants dans lesquels je m'enfonce inexorablement. Je ne suis pas le seul à lutter : le personnel du musée, visiblement accablé par la torpeur digestive, somnole dans des vapeurs intestinales toutes alsaciennes. Nous nous saluons au ralenti, l'œil mi-clos, et bâillons à l'unisson. Je n'en dirai pas plus au sujet de ces fiers gardiens de la culture. Je ne tiens guère à défiler avec le Klapperstein autour du cou.

Après une telle journée, le compte est bon. On peut dîner d'une flammekueche au Gambrinus, chaleureuse brasserie où les groupes d'amis se réunissent en joyeuses tablées. On pourrait même s'arrêter là et repartir à Paris avec un bon souvenir de Mulhouse. Mais le jour 2 nous attend de pied ferme.

Le lendemain matin, Nietzsche dans l'ascenseur me certifie que « seul ce qui ne cesse de nous faire souffrir reste dans la mémoire ». Après renseignement, j'apprends que ces aphorismes philosophiques sont choisis et affichés par le gardien de nuit. Béni soit-il.

Mulhouse, ce mardi matin, est une autre ville : il ne neige plus et il y a du monde dans la rue. Filons au musée de l'Impression sur étoffes. C'était ça ou le musée du Papier peint. Je ne plaisante pas, Mulhouse s'est fait une spécialité des musées dits techniques : le musée EDF, la cité du Train, la cité de l'Automobile, le musée du Papier peint, et donc le musée de l'Impression sur étoffes. Ce dernier a retenu mon attention pour le défi qu'il me lance : vais-je réussir à tenir plus d'un quart d'heure dans un lieu où l'on parle vieux chiffons, qui plus est imprimés ? Vais-je poursuivre ma nuit devant des vitrines poussiéreuses remplies de tissus et de fils à broder ?

Au contraire, c'est ici que je me réveille tout à fait. Mulhouse, il faut le savoir, fut une république indépendante de 1347 à 1798. Cette autonomie permit à la ville de se lancer dans la production d'indiennes[1] à l'époque où celles-ci étaient interdites dans le royaume (il fallait bien protéger les tisseurs de soie, laine, lin et chanvre). Mulhouse prospéra et sut conserver son avance industrielle sur le reste du royaume jusqu'à devenir le « Manchester français » que l'on sait – un Manchester

1. Toiles de coton peintes ou imprimées qui se fabriquaient d'abord en Inde.

sans Cantona ni Morrissey, mais un Manchester tout de même. Au musée, tout cela prend vie grâce aux superbes échantillons de tissus imprimés. Certains arborent des motifs complexes et délicats comme ceux d'un tapis persan, des couleurs vives comme sur une céramique d'Iznik. Pas étonnant que les designers d'Ikea, de Hermès, de Pierre Frey et de Ladurée (oui, les macarons) viennent chercher l'inspiration ici : le musée conserve près de 50 000 documents textiles.

Que m'arrive-t-il ? Je me prends à étudier les tampons encreurs qui imprimaient les indiennes. J'apprécie d'un œil connaisseur des palmettes (motifs du cachemire) et des fleurs Liberty. À l'étage, je prends en photo des imprimantes en fonte du XIXe siècle, grosses bêtes noires mues par un mécanisme diabolique de roues, d'engrenages, de bras articulés, de courroies, de poids suspendus, etc. Cela a tout de même plus d'allure que les imprimantes textiles à jet d'encre actuelles – autant comparer une vieille Underwood avec un clavier d'ordinateur. J'avise un morceau de tissu orné de fleurs exotiques et de fruits érubescents – c'est le Brésil sur 10 $cm^2$ ! Il y a quelque chose de beau et d'infiniment touchant à imaginer que ce carnaval de couleurs a été conçu par un dessinateur textile anonyme, dans le froid et la grisaille d'un atelier mulhousien.

La cité de l'Automobile est beaucoup moins confidentielle. « L'une des plus belles collections du monde », lit-on partout, « 450 voitures de rêve » réunies par les frères Schlumpf et présentées dans une ancienne filature de laine. Le béotien que je suis sachant à peine distinguer une Porsche Carrera d'une Renault Fuego, je me fais l'effet d'un goret devant un pot de confiture aux griottes.

L'audioguide censé m'éclairer me parle la langue inconnue des garagistes du siècle dernier : « Avec son vilebrequin tournant sur trois paliers à roulement à billes et sa course de 88 mm, le boîtier de direction est fixé sur le moteur lui-même. » Tout ça pour présenter une Bugatti – une bagnole, quoi. Je découvre toutefois que cette marque est alsacienne, et que ses plus beaux modèles tiennent la dragée haute aux Rolls Royce, Mercedes Benz, Bentley et autres cylindrées de prestige.

Une fois de plus, on se prend au jeu. Comme un gamin, on s'amuse à se choisir une voiture, si possible une très grosse (l'interminable Bugatti Royale, pareille à la voiture du loup de Tex Avery), une très élégante (la Delahaye bleu gris de 1949) ou une très bizarre (la Peugeot Torpédo de 1913, aux airs de voiture à pédale, ou l'Esculape de 1898 aux couleurs de la Jamaïque). Une animatrice me propose de démarrer à la manivelle une Citroën de 1923. J'essaie une fois, deux fois, trois fois. « Un coup sec ! C'est une voiture qui a été conçue pour les femmes. Même moi, j'y arrive ! » me lance l'animatrice avec un sourire dominateur. À genoux devant elle, je m'acharne, le bras en feu. J'abandonne bientôt, humilié. Une autre animation SM m'attend : faire un double tonneau dans une voiture montée sur un axe au-dessus du sol. « C'est un simulateur qui permet de se mettre dans la situation d'un accident. Accrochez bien votre ceinture », susurre l'animatrice avec un éclair diabolique dans les yeux. J'encaisse sans broncher mon double tonneau devant une classe de collégiens hilares, et ressors verdâtre et chancelant. Au moins ai-je réussi ce test-là. La suite de la visite est des plus divertissantes. Les designers d'automobiles ne fumaient pas que du tabac blond : une Alfa Romeo évoque un rouge à lèvres géant ; la Tatra 1937, une olive verte ; la Panhard

Dynavia, une savonnette à moitié fondue. Le cabriolet Arzens de 1938 est affublé d'un bec-de-lièvre, l'Aston Martin Lagonda est passée sous presse, et la Scott de 1923 n'a que trois roues. Je m'amuse comme un petit fou à dénicher les voitures les plus excentriques.

Les machines ne parlent pas, le personnel des musées non plus (il dort ou alors il nous humilie dans des épreuves physiques à base de tours de manivelle) et Dom Poirier est parti. Heureusement, il y a Poupous. Cet aubergiste (le mot lui correspond mieux que « restaurateur ») tient une bonne petite table près des halles couvertes. Les jours de marché, il affiche complet. On se régale ici de cordon-bleu de 800 grammes, de cochon de lait farci, de bœuf gros sel, de rognons de veau. C'est roboratif et servi sans chichi. Quand il sort de sa cuisine, Poupous vient faire causette aux clients, fidèles ou pas. L'accent alsacien donne à ses boutades une forme de rugosité joviale. « Tu rêves, madame ! » dit-il quand il n'est pas d'accord avec une femme. Il ne semblait pas d'accord avec grand monde le jour où je suis passé, ce franc-tireur des fourneaux. « Je ne vends plus de champagne, seulement du crémant d'Alsace », annonce-t-il en signe de protestation à la réunification des régions Alsace, Lorraine et Champagne. Le voilà qui rudoie gentiment ses habitués, parmi lesquels on retrouve notre dessinateur de BD et l'artiste peintre de l'usine Motoco, mais aussi les élus municipaux – qui « ne paient pas leur ardoise », rouspète-t-il. Tout le monde se retrouve dans ce lieu chaleureux où celui qui ne finit pas son assiette a un gage : embrasser les fesses du Schweissdissi (« le type qui sue » en alsacien), une statue dont l'original est exposé au parc du Tivoli, à Mulhouse.

La cuisine et la bonhomie d'un Poupous tiennent longtemps au corps après que l'on est ressorti dans le frimas haut-rhinois. La promenade continue dans le vieux centre. Dieu, ce froid ! Parfois on avise un oriel, fenêtre en encorbellement que les notables faisaient ajouter à leurs façades en les coiffant de toits pointus, et tout en haut de cet oriel, baignant dans une chaude lumière, à l'abri du vent et de la neige, sous le clocheton, on s'imagine tout pelotonné contre la vitre, trempant une part de kouglof dans un grand bol de chocolat chaud et crémeux et… mais le froid m'égare. Ces rêvasseries grelottantes font d'ailleurs tout le charme d'une visite hivernale. Comme dans toute bonne ville du froid, on ne sort que pour mieux rentrer, et la quête d'un lieu de repli chaud et confortable est une activité en soi – qu'on ne retrouve pas dans ces cités du Sud qui vous laissent tout frissonnant dès que le sacro-saint soleil disparaît et que ces foutus vents du nord transforment Avignon ou Montélimar en Roubaix ou en Tourcoing. Bref, ces asiles douillets existent ici : le café Mozart sur la place de la Réunion (belle vue sur le temple et l'hôtel de ville), le café Guillaume Tell non loin, le musée de l'Hôtel de ville ou celui de l'Impression sur étoffes. Et le musée des Beaux-Arts.

Voilà un musée ! On y est au chaud, c'est gratuit et on y voit les plus belles femmes d'Alsace. En haut de l'escalier, je fais connaissance avec *La Frileuse*, du peintre alsacien Jean-Jacques Henner (1829-1905). Elle est pâle comme l'aube dans son châle vermillon, sérieuse comme un pape, mais ses lèvres carmin et son regard d'animal farouche la rendent plus troublante qu'un cortège d'odalisques. Ses voisines de cimaise sont du même Jean-Jacques Henner. *La Petite Bergère* m'offre son cou nacré. *La Vérité* déploie sur son corps nu sa longue chevelure flamboyante. Celle de *Lola* inonde tout le tableau. *La Femme au divan noir*, alanguie et offerte, est exquise autant qu'indécente. Tant de volupté subjugue. Personne ne m'avait mis en garde. On pousse une porte, on gravit un escalier et soudain on est happé par la beauté de nus pâles, et de glacis sombres et sensuels. Le temps ouvre une brèche et on s'y engouffre sans le savoir. Combien de temps suis-je resté dans cette salle ? Assez pour qu'un gardien vienne jeter un œil suspicieux sur ce visiteur qu'on n'entend plus faire craquer le parquet.

Dans une salle voisine, *L'Alsace, elle attend* montre une jeune femme endeuillée, coiffée du nœud noir alsacien sur laquelle est accrochée une cocarde tricolore. Le tableau a été peint par Jean-Jacques Henner après l'annexion de l'Alsace par l'Empire allemand en 1871, mais est exempt de tout patriotisme criard. L'allégorie de l'Alsace a les mains croisées et se tient droite. Sa bouche est close, mais ses yeux vous happent. Jamais on n'a vu regard plus digne. Jamais on ne vous regardera comme ça. Voilà pourquoi il ne faut pas manquer le musée des Beaux-Arts.

Il est temps de rentrer. Dans la rue, les jeunes femmes arborent la coiffure locale à la mode : des cheveux roux cuivrés à la façon de Delphine Wespiser, la miss France 2012 – une Mulhousienne. La flamboyante miss chante en alsacien et ne se lasse pas de vanter les charmes de sa région. Le chaînon manquant entre Jean-Jacques Henner (une belle rousse) et Dom Poirier (un ambassadeur sympathique). La créature parfaite. Pour un peu, elle figurerait parmi les greeters, entre le passionné d'autorails et l'amatrice de kouglofs.

Ça vaudrait le coup de vérifier.

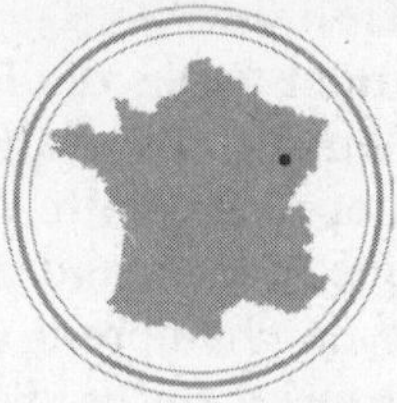

# VESOUL

## T'as voulu voir Vesoul

De Vesoul, on connaît surtout la rengaine de Jacques Brel. « T'as voulu voir Vesoul et on a vu Vesoul. » Deux aberrations dans le même alexandrin. Comme si l'on pouvait avoir envie de voir Vesoul ! Et comme s'il fallait céder à un caprice aussi grotesque – car ils y vont, les deux idiots de la chanson ! N'en déplaise à ses habitants, Vesoul fait naître sur toutes les bouches le même sourire condescendant, un rien hautain, franchement moqueur.

Qu'est-ce que la préfecture de la Haute-Saône a fait pour mériter ça ?

La réponse tient en partie dans la question : Haute-Saône. Ce département est presque aussi méconnu que celui de la Basse-Saône – qui n'existe pas. On appelle aussi « Haute-Patate » cette contrée située quelque part entre les Vosges et le Jura (région Bourgogne-Franche-Comté), car on y cultive la pomme de terre depuis des lustres. À quoi ressemble une forêt de sapins quand on lui retire ses sapins ? Probablement à quelque chose comme la Haute-Saône.

Et puis Vesoul fait sourire par son simple nom. Ve-soul, Veu-zoule, ça n'est pas beau, ça sonne mou et dégonflé, ça évoque une ventouse qui n'adhère plus.

Les chansons parlent toutes d'aller au paradis ou en enfer, mais certainement pas d'aller à Vesoul. D'où l'humour hors champ, volontaire ou pas, de Jacques Brel. On raconte que le Flamand aurait eu une aventure avec la femme de chambre d'une auberge locale. « Je t'écrirai une chanson sur ta ville », lui aurait-il dit en substance. Promesse tenue. Ainsi Vesoul est-elle à jamais associée à la chanson de Brel et aux folles envolées mélodiques de Marcel Azzola, le Jimi Hendrix de l'accordéon – du travail d'orfèvre, soit dit en passant, et pourtant j'ai horreur des flonflons de la valse musette et de l'accordéon.

*Vesoul* (la chanson) ne dit rien de Vesoul (la ville), ce qui n'empêche pas cette dernière de surfoter sur cette petite notoriété servie par le grand Jacques sur un plateau d'argent. On y organise chaque année un festival de la Jeune Chanson française. Mais tout cela ne nous dit pas à quoi ressemble Vesoul. Alors, allons voir.

Les premiers instants à Vesoul font vaciller. On n'est plus très sûr de savoir ce que l'on fait là – alors qu'à Florence, à Cracovie, à Grenade, on sait. Une sorte de vertige nous prend tandis qu'on quitte la gare et qu'on remonte la rue Paul-Morel sous une mauvaise pluie de janvier : qu'est-ce qu'on va bien pouvoir faire de toute cette tristesse ? On craint déjà de trouver la plaisanterie douteuse. Calmons-nous. Agissons avec méthode. Déposons notre bagage à l'hôtel du Grand-Nord, où Miossec a laissé ce mot : « Merci pour l'accueil et le chablis. »

Ne nous laissons pas attirer par l'appel du bourgogne, du grand lit et de la télé – alternatives pourtant tout à fait séduisantes – et faisons un tour dans le vieux centre, comme ça, sans but. Des boutiques ouvertes, d'autres fermées depuis un bon moment. Une église déserte où passe la messe du couronnement de Mozart. Des maisons en pierre blanche que le temps ou la pollution a noircies ou nicotinées. Tiens, ici, un porche indique un passage. Une volée de marches mène à une courette, qui se dédouble en une seconde courette, qui s'enquille sur un passage couvert… Le passage des Chanoinesses est une « traje », apprendrai-je plus tard, c'est-à-dire une traboule pas lyonnaise. Puis on tombe sur une série d'hôtels particuliers, tantôt Renaissance, tantôt XVIII^e^ siècle. Au XV^e^ siècle, trois frères flamands, les Thomassin, se sont fait édifier les trois plus beaux hôtels de Vesoul, chaque frangin cherchant à faire plus ronflant que les autres. Je ne suis pas un amateur de ces grosses demeures qui se poussent du col avec leurs tours d'escaliers, leurs portes Renaissance en accolade, leurs meneaux sculptés et tout le tralala. Mais ce n'est que moi, et Vesoul assure plus que le minimum syndical de ce côté-là.

À part ça, Vesoul la joue profil bas. Le tribunal, qui rappelle que la ville dut une part de sa fortune aux métiers de justice, est tourné en dérision par la statue en bronze d'un avocat au ventre rebondi, le pif en l'air (et en trompette), marchant d'un bon pas vers le palais de justice.

Comme le temps le permet, je rejoins Notre-Dame-de-la-Motte, un sanctuaire édifié au sommet d'une motte castrale d'où tout est parti – « tout » étant Vesoul, il faut relativiser. Ah, la Motte ! On croit avaler ce petit promontoire d'une traite, et l'on se retrouve à ahaner à mi-pente. L'ascension se termine par un chemin de croix qui ressemble bien au nôtre. Au sommet de la butte, une grande Vierge domine une chapelle remplie d'ex-voto – souvenirs d'un miracle : en 1861, le choléra décima le département (10000 morts), mais épargna sa capitale (seulement une vingtaine de victimes). Je suis seul au sommet de Vesoul, hormis un joggeur fluo qui, à peine arrivé, redescend aussitôt. Une fois au pied de la butte, il la remontera aussi sec, tel un Sisyphe encombré de sa petite malédiction, celle d'une matinée de janvier en Haute-Saône. Une table d'orientation en escargot est censée aider à interpréter le paysage, mais rien de ce qu'on a sous les yeux ne correspond au paysage gravé sur la table. Qu'importe, la vue est belle quand il fait beau. On voit parfois jusqu'au Mont-Blanc. Les immenses entrepôts du côté du lac de Vesoul-Vaivre constituent la plus grande usine de pièces détachées Peugeot du monde. C'est à signaler car peu de choses ici commencent par « plus grand » et finissent par « du monde ». Le lac est très agréable aux beaux jours, paraît-il. Il attire d'ailleurs des colonies de Hollandais, ce qui n'a aucun rapport avec la phrase précédente. Rester planté là, à l'ombre de la Vierge de Vesoul, et regarder les collines et les forêts alentour, les immeubles de six étages et les nœuds routiers, bref toute cette rurbanité moderne, est plaisant ou déprimant selon la couleur du ciel. Ce jour-là, il est gris, comme partout ailleurs en cette saison. De toute façon, je n'en ai pas fini avec Vesoul. Une visite de l'abattoir m'attend.

Afin d'assurer mes arrières, j'ai en effet prévu une petite sortie insolite. Parce que les vieilles pierres du centre-ville n'attirent pas toujours grand monde, Sandra, guide conférencière à l'office de tourisme, organise des visites guidées plus originales : l'usine de traitement des déchets toxiques, l'usine de recyclage des eaux usées, l'abattoir de cochons… Je me suis inscrit. Me voici donc, grelottant devant l'entrée de l'abattoir de la Motte. À mes côtés dans l'épreuve, l'amicale des Enseignants de Haute-Saône, une douzaine de crânes chenus déjà occupés à enfiler blouses blanches, charlottes de protection et protège-chaussures. La première scène que nous voyons est révoltante : un homme frappe à grands coups de bâton un groupe de cochons, et il y va de bon cœur, le sagouin ! Comme je l'interpelle, scandalisé, le « tortionnaire » me répond qu'il ne fait que marquer les bêtes avec une canne à pics afin de les identifier. Je ravale ma diatribe sur la souffrance animale. N'empêche que ces cochons parqués dans leurs box (on parle de stabulation) avant d'être menés à l'abattage vous vrillent le cœur aussi sûrement que leurs petites queues en tire-bouchons. Je les ai trouvés beaux, moi, avec leur poil soyeux et argenté, leur peau d'un rose délicat, leur groin curieux et leurs yeux intelligents, qui avaient l'air de nous demander : « Au fond du couloir, c'est bien ce qu'on croit qu'il y a ? »

« Savent-ils ce qui les attend ? » demande une enseignante à la retraite. Ses amies aux mines paysannes répondent par un triste haussement d'épaules.

Nous mettons nos pas dans ceux des cochons égorgés le matin même. Tout a été nettoyé et l'abattoir est vide, mais le sang macule encore les blouses blanches des « tueurs », trois gars du pays qui vous tuent 250 cochons par semaine. Notre guide nous montre comment étourdir un cochon, comment l'égorger et le vider de son sang, comment l'ébouillanter (pour enlever les poils) et découper sa carcasse en deux. C'est très instructif. Je me demande quelle occasion me permettra de mettre ces informations en pratique.

« Quand ils arrivent ici, certains cochons sentent leur mort venir. Alors ça se débat et ça grogne, on ne s'entend plus parler », me dit un employé sans ciller. Et ça ne lui fait rien, tous ces cris déchirants, ces hurlements à la mort ? « Si, on chiale tous les matins. Regardez… » me dit-il en montrant un gros rouleau de Sopalin. Humour vésulien.

La visite se poursuit. J'apprends qu'il y a des abats rouges et des abats blancs. Je vois des carcasses fendues en deux et pendues par les pieds, je respire l'odeur insoutenable d'abats entassés dans une salle close, je parle fressures et crépines avec un « tueur ». Puis, frigorifié et nauséeux, j'atterris au « drive fermier » de l'abattoir pour une dégustation de filets mignons fumés. Mon regard rencontre celui de Sandra, la guide conférencière. « T'as voulu voir Vesoul… » me disent ses yeux rieurs.

Sandra n'en a pas fini avec moi. Cette fois, elle veut me présenter au meilleur chocolatier du coin. Mickaël Azouz est même mieux que ça : un champion du monde, millésime 1989. Hélas, le maître est occupé avec des élèves japonais qu'il forme à l'art de la ganache. Les siennes sont délicieuses. On les laisse fondre dans le chocolat chaud maison, que l'on déguste dans le salon de thé du magasin. Nous sommes emmitouflés dans nos manteaux car la boutique est peu chauffée, apparemment pour ne pas faire fondre les chocolats champions du monde. Ce chaud-froid n'est pas désagréable – on a l'impression de boire un vin chaud en anorak en haut des pistes.

J'aimerais tout de même me réchauffer un peu les os. Par chance, le musée Georges-Garret est à deux pas. Je les aime bien, ces petits musées de province que tout le monde dédaigne. On y trouve toujours une ou deux toiles touchantes, et quand ce n'est pas ce qui est accroché aux murs, c'est le lieu lui-même qui est agréable, ou le silence qui y règne, ou la chaleur qu'il y fait. Le musée Georges-Garret rassemble tout cela et il est gratuit. Je passe sur les stèles funéraires gallo-romaines qui me barbent prodigieusement, même s'il faut reconnaître que celles-ci sont sacrément imposantes, témoignant d'une opulence que l'on ne retrouva dans la région que bien plus tard (Vesoul a connu son âge d'or entre la fin du XVIII^e siècle et la Première Guerre mondiale).

À l'étage, le parquet ciré nous conduit vers quelques belles pièces : une émouvante *Aveugle* de Chaffaud, un marbre « bondage » du XIX^e siècle, *La Leçon de clavecin* de Jules-Alexis Muenier… Et puis Jean-Léon Gérôme. Ce peintre académique, né à Vesoul en 1824, fut une star en France et aux États-Unis de son vivant. Ses tableaux montrent des gladiateurs musclés et des fauves terribles – on raconte que Riddley Scott s'en inspira pour son *Gladiator*. Gérôme est le maître du style pompier. À l'époque, il prit position contre les impressionnistes, coupables selon lui de barbouiller et non de peindre. L'avenir lui donna tort, et Gérôme tomba dans les oubliettes de la peinture – une grande rétrospective au musée d'Orsay en 2010-2011 l'a en partie réhabilité. Le musée pourrait nous raconter tout cela. Mais il nous laisse seul avec des œuvres secondaires du maître, tel ce vilain *Minor Leo*, un lion à la tête étrangement mal dessinée. À part ça, des visions de harem et des paysages d'Égypte, le tout-venant orientaliste.

Vesoul compte d'autres gloires : Edwige Feuillère (le théâtre municipal porte son nom), Stéphane Peterhansel (le champion de moto, parti dare-dare vivre sous des cieux moins haut-saônois) et André Blanchard. Si vous n'avez jamais entendu parler de ce dernier, c'est qu'il a tout fait pour ça. Rien ne hérissait plus cet écrivain ermite que les interviews, les salons littéraires et les courbettes du monde de l'édition. Calfeutré à Vesoul, il a pu noircir ses carnets des années durant sans être dérangé le moins du monde : les trompettes de la renommée s'arrêtent à Besançon. Sa mort à l'âge de 63 ans (en septembre 2014), passée à peu près inaperçue, a chagriné une poignée de critiques et un petit cercle d'aficionados. À la librairie indépendante qui fait face à l'office de tourisme, je dégote l'un de ses textes, *Contrebande*. « Il y a du Léautaud et du Claudel chez lui », observe le libraire. Du Philippe Muray aussi, ajouterais-je. « Depuis son décès en 2014, le prix de ses livres flambe en occasion. » Le début de la gloire ?

Blanchard a peu écrit sur sa ville, seulement quelques scènes de la vie provinciale. Certaines ont lieu à la galerie d'art municipale où il était employé comme gardien à mi-temps. À propos de l'art contemporain, il note : « Installations, vidéo-machins, peintures conceptuelles. C'est instructif, à rebours : perdre nos repères, voilà à quoi on nous convie ; ça facilite pour recruter les nigauds. Du moins cela permet-il de percer à jour ce qui assoit cet art, c'est-à-dire la peur. Le public a peur de passer pour ridicule, et stupide, et vieux jeu s'il manifestait son incompréhension. Donc il se tait. C'est tout ce que demande cet art ; et, à la limite, peu lui chaut de n'avoir aucun public. »

À la chapelle de l'Hôtel de ville, qui accueille des expositions, un autre artiste fait l'ange gardien. Philippe Aubry est peintre, il a bien connu Blanchard, son collègue et ami. Nous parlons de l'absent, de ses longs silences et de son « regard perçant » sur le monde, mais aussi de la qualité plus ou moins heureuse des vernissages à Vesoul (des « champs de lavande et de coquelicots » aux expos fumeuses siglées FRAC et DRAC)… L'abattoir s'invite dans la conversation. C'est que, lassé d'étudier les écorchés de Bacon, Soutine et Rembrandt, Philippe Aubry enfila un jour les mêmes bottes blanches en caoutchouc que moi et passa une nuit entière chez les égorgeurs de la Motte… en pleine action, cette fois. Ce que j'ai effleuré, lui l'a pris en pleine face : l'effarement dans les yeux des animaux, les cris d'horreur, l'odeur des tripes et des boyaux, le sang par terre. Ses peintures de carcasses ont eu pour écrin la jolie chapelle immaculée qu'il garde aujourd'hui. L'exposition ne laissa pas indifférent – ça changeait des coquelicots.

Soir à Vesoul. Mon Blanchard sous le bras, je me hasarde dans le centre-ville. Je le trouve assez dépeuplé le jour, mais à 20 heures, c'est un trou noir. Le seul restaurant ouvert, la Casa Transilvania, propose une cuisine roumaine dans un décor d'auberge des Carpates. Des nappes brodées, des couvertures en laine sur les chaises, des violons déchirants en sourdine et un feu qui agonise dans l'âtre de la cheminée. Un couple solitaire termine son repas. Un serveur raide comme la mort m'invite à m'asseoir. Est-ce à cause de l'atmosphère transylvanienne un rien lugubre, des carcasses de l'abattoir qui hantent mon esprit, mais je ne serais pas surpris qu'on me serve un bol de sang chaud. Au lieu de quoi je me régale de feuilles de chou farci (*sarmale*), de saucisse (*carnat de salaj*) et de beignets au fromage blanc, confiture et crème fraîche (*panasi*). Le serveur, une fois déglacé, s'avère être un sympathique étudiant en linguistique, originaire des Carpates, comme son cousin aux fourneaux. Il entreprend bientôt de m'initier au folklore roumain, m'explique qui était le comte de Dracula et comment la comtesse hongroise Báthory prenait des bains de sang, très efficaces pour rajeunir la peau, paraît-il, ce qui inspira à Bram Stoker son histoire de vampire. « Dans les villages très reculés de ma région, on raconte encore des histoires de *strigoi*, ces revenants qui rôdent et viennent troubler les vivants. Encore aujourd'hui, certains habitants déterrent les morts après sept ans et leur enfoncent un pieu dans le cœur. » Il était dit que cette journée à Vesoul serait placée sous le signe du sang, de la viande et des abats. Et encore, je n'ai pas choisi la soupe de tripes de veau.

Le soir dans ma chambre d'hôtel, les réflexions aigres-douces, acides ou carrément noires d'André Blanchard ajoutent leur pierre à l'édifice[1]. Quelle drôle de journée j'ai passée là ! Mine de rien, je ne me suis pas ennuyé une seconde. Une promenade solitaire ici, une visite insolite là, des rencontres inopinées, un bon livre sous la main et une soirée gothique… Que demander de plus ?

---

1. Au hasard : « De la peur de vivre ou de la peur de mourir, c'est à qui fera la course en tête. Et le vainqueur est… la vermine. »

Le lendemain matin, Sandra me fait visiter les halles couvertes. C'est le jour du marché, l'un des plus importants de tout l'est de la France. Nous y rencontrons Martine Thérouanne, une enseignante à la retraite, encore une. Sauf que celle-ci, à défaut de savoir vider un cochon, sait remplir les salles de cinéma. Au point d'être devenue une figure incontournable de la scène culturelle vésulienne, franc-comtoise, nationale et même mondiale. Parfaitement. Martine Thérouanne dirige depuis vingt et un ans le Festival international des cinémas d'Asie, qu'elle a fondé avec son mari Jean-Marc. L'organisation est 100 % bénévole, cas unique pour un événement culturel de cette ampleur. C'est le plus vieux festival de ce type en Europe, et sa renommée s'étend jusqu'aux confins de l'Asie. Les Thérouanne sont reçus en grande pompe à Busan (le festival de Cannes asiatique, en Corée du Sud), écument les festivals de la Chine à l'Inde, copinent avec les actrices iraniennes et les réalisateurs turcs, qu'ils reçoivent à la maison autour d'une cancoillotte. 30000 spectateurs, majoritairement des Haut-Saônois, se pressent chaque année devant des drames ouzbèkes, des comédies kirghizes ou des polars iraniens sous-titrés. Tous les élèves du département ont été biberonnés au cinéma d'Asie, l'Asie s'étendant ici du Proche-Orient au Japon. Une section « chinois » a été créée au lycée de Vesoul et des échanges ont été mis en place avec des établissements asiatiques. À Vesoul, le pékin moyen (c'est le cas de le dire) connaît mieux l'œuvre de Hou Hsiao-hsien que celle de Dany Boon. Tout cela parce qu'un jour, en 1968, un aumônier a emmené 50 gamins dans un bus en Turquie. Sur les routes d'Anatolie, Martine Thérouanne attrapa le virus de l'Asie, globe-trotta en Afghanistan, en Inde et au

Kazakhstan, rencontra son futur époux en Thaïlande. L'idée d'un festival germa. Et voilà comment deux modestes enseignants règnent depuis plus de vingt ans, tels deux empereurs mandchous, sur Vesoul et ses confins orientaux.

Martine me raconte tout cela sans la moindre afféterie. C'est une femme énergique et enthousiaste. Une connaissance aiguë du septième art coréen ou philippin n'a pas émoussé sa personnalité terre à terre, son « bon sens près de chez vous ». Elle est restée aussi simple et accessible que n'importe qui dans ces halles couvertes où je suis en train d'attraper froid. Nous buvons un vin du Jura tandis que le député-maire vibrionne autour de nous. « Je l'ai eu comme élève en sixième », remarque Martine avec un air de directrice d'école à qui on ne la fait pas.

Martine Thérouanne raconte qu'un jour, durant le festival, elle dut lancer elle-même les sous-titres en direct dans la salle – « de la haute voltige ». Mais la pauvre était épuisée par l'accumulation des journées sans repos. Elle somnola jusqu'à s'assoupir complètement. Son doigt resta appuyé sur le bouton. Cinquante dialogues défilèrent d'un coup. « Je me suis réveillée en sursaut quand la salle a éclaté de rire ! »

Discuter du festival, qui se tient dix jours plus tard, m'a mis l'eau à la bouche. Je ne suis pas encore parti et je veux déjà revenir ici pour voir tout ça : la « bambouseraie » du festival, un espace de rencontres où l'on peut aborder sans chichi un réalisateur de Hong Kong ou une actrice vietnamienne ; les Vésuliens partageant leurs coups de cœur à la sortie des salles comme des gosses à la cour de récré ; les sous-titres en rafale… Je goûterais bien aussi une nouvelle fois aux beignets de Transylvanie.

Il faut toujours se méfier des villes moyennes, à l'histoire tranquille, à l'ambition mesurée. On croit qu'il ne s'y passe rien. On y vit pourtant des expériences curieuses, absurdes, hors champ (comme la chanson de Brel).

« T'as plus aimé Vesoul, on a quitté Vesoul », chantait le grand Jacques. Tout le monde peut se tromper.

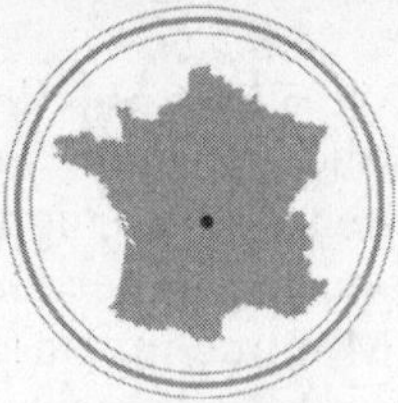

# GUÉRET

## La Guéret déclarée

S'il est une ville dont tout le monde se fiche, c'est bien Guéret. La préfecture de la Creuse règne sur un département rural déserté (le moins peuplé de France après la Lozère) qui n'évoque à peu près rien au reste du monde. Déjà, ce nom, la Creuse : impression d'un pays concave, qui s'enfonce, qui s'embourbe, qui s'enterre. Rien ne nous y attire et, d'ailleurs, on ne sait pas où ça se trouve – les choses sont bien faites.

Oserais-je avouer qu'avant de m'y rendre, j'étais incapable de situer, même grossièrement, le département sur une carte de France ? Eh bien oui, j'ose, vu que beaucoup sont dans mon cas. Donnons tout de même la réponse : la Creuse se situe à la croisée de l'Auvergne, du Limousin et de la région Centre-Val de Loire. Quelques *happy few* savent bien que cette terre de vallons et de forêts recèle l'une des plus belles campagnes de France, mais, jaloux de leur trésor, ils se gardent bien de le crier sur les toits. Reste Guéret. Et cette fois, l'épais silence qui l'entoure ne protège aucun secret. Guéret, rien à dire, rien à faire, rien à voir. Un petit sondage autour de moi confirme ce que je savais déjà : la ville n'évoque absolument rien, hormis quelques propos hors sujet. « Ah si, la saucisse de Guéret ! » me lança un ami, qui confondait avec l'andouille de Guémené, en Bretagne.

Commençons donc par situer Guéret : il faut viser entre Limoges et Montluçon, ou entre Aubusson et La Souterraine pour les plus pointus. Que voir sur place ? Mon vieux *Guide vert* n'attribue aucune étoile à cette « ville tranquille », euphémisme fréquemment employé par les guides de voyage pour décrire un mouroir. J'y apprends que les Guérétois détiennent un record unique au monde : « le plus grand nombre d'habitants pour une ville creusoise » (sic) – à ce train-là, on peut décerner des records et des médailles à la pelle. La section « Visiter » du guide se réduit au musée d'Art et d'Archéologie et à un seul édifice, l'hôtel des Moneyroux. Fermez le ban. On est ensuite invité à découvrir « les environs parsemés de villages et de petites églises », ou à faire « une balade en forêt pour observer le vol des rapaces[1] ».

Bref, les environs de Guéret semblent plus intéressants que le centre-ville, et les environs des environs plus intéressants encore, de sorte que, par un effet centrifuge, Guéret apparaît comme le vilain centre d'une jolie spirale. Une triste bourgade enchâssée dans un paradis d'eau et de verdure. Un œil crevé sur le plus ravissant des visages.

---

1. Les corbeaux comptent-ils parmi les rapaces ? Quelqu'un à Limoges m'a dit qu'en Creuse « même les corbeaux volent sur le dos pour ne pas voir la misère qu'il y a en bas ». Cependant j'ai entendu cette expression ailleurs. On ressort les corbeaux en Fosbury dès que l'on veut dénigrer une contrée pauvre et désolée.

Les deux premières heures que l'on passe à Guéret, convenons-en, ne sont pas des plus joyeuses – pas de chance, on y reste rarement plus d'une heure. La ville boude derrière ses façades grises, les commerces ont connu des jours meilleurs, on cherche à se garer près de la rivière mais il n'y en a pas. Persévérons. La grande place Bonnyaud résume bien l'identité de la ville : d'un côté l'imposante mairie, tel un palais de granit stalinien, à côté le palais de justice et en face la cité administrative, qui regroupe tout un tas d'organes aux noms évocateurs : la Police nationale, la Délégation militaire départementale (DMD), l'unité territoriale de la Direction régionale de l'environnement, de l'aménagement et du logement (DREAL), la Délégation départementale de l'action sociale des finances, la Mutuelle générale de l'environnement et du territoire (MGET), la Mutuelle générale des personnels de l'agriculture et des organismes rattachés (SMAR), le Service départemental de l'information générale (SDIG). Ma préférence va à la SMAR, mais j'aime bien aussi la DREAL pour son acronyme en poupées russes. Je suis sûr qu'en cherchant bien il doit exister ici quelque chose comme la Direction territoriale de la mutuelle générale de l'action sociale régionale et des organismes rattachés (DTMGASROR). Guéret est une ville administrative, elle a ça dans le sang. Pas d'usine, pas de grosse entreprise, pas de filière économique, un patrimoine rikiki, une vie culturelle modeste, une vie nocturne lilliputienne, mais alors une passion pour la fonction publique ! À vous faire tomber Kafka en syncope. La préfecture est à deux pas de la cité administrative, et juste à côté, bien sûr : le conseil général. La place Bonnyaud présente sûrement la plus forte concentration de fonctionnaires du globe derrière Bruxelles.

À 17 heures pile, la ville débauche. Les fonctionnaires rejoignent fissa leurs pénates dans les villages alentour, laissant le centre-ville encore plus vide et solitaire qu'il n'était.

Pour l'heure il n'est encore que 10 h 30 en ce mardi d'hiver et l'on devine l'effervescence qui règne dans les bureaux : la pause de midi n'est plus très loin. « C'est affreux d'être fonctionnaire. On regarde sa montre tout le temps », me confie plus tard une fonctionnaire de bibliothèque. Ce que c'est de se moquer… La ville se venge en dissimulant sous des échafaudages bâchés son seul édifice remarquable, l'hôtel des Moneyroux, siège du conseil général. Des panneaux rébarbatifs expliquent au passant ce qu'on lui cache : un très bel hôtel particulier d'inspiration Renaissance, notamment l'aile sud avec « la création d'une travée saillante se terminant par une lucarne à pignon galbé ouvragé ». Le type qui a pondu ça doit bosser dans un bureau du coin, par exemple au Département des affaires culturelles générales du patrimoine et des organes rattachés (DACGPOR). Je ne raconterai pas ici comment, voulant jeter un œil au bâtiment fermé, je me suis retrouvé sous la charpente en travaux, les pieds au-dessus du vide. J'avais pénétré le chantier par erreur.

Poursuivons. La Grande Rue, qui ne l'est pas vraiment, descend vers le vieux Guéret. Enfin des façades anciennes en granit, que réchauffe le soleil d'hiver ! Quelques croisements de rues simulent un entrelacs de ruelles pittoresques, mais le mirage se dissipe aussi sec. Trop de baux à céder, de volets clos, de rues muettes. Les zones commerciales de la périphérie sont bien achalandées, merci pour elles, elles ont sucé toute la vie du centre. C'est la même chose à Limoges et partout ailleurs : vitrines faméliques en centre-ville, galeries marchandes obèses en agglomération. À Guéret, cela vous serre le cœur. On voudrait entrer dans les boutiques encore debout et féliciter chaque petit commerçant de maintenir un semblant de vie dans ce vieux cœur de granit. Hélas, ces commerces sont souvent désespérants : kebabs, ongleries, vapoteries. On croit toucher le fond en avisant des piles de cartons vides dans les vitrines des pâtisseries. Où ils en sont rendus, quand même : entasser de vieux emballages en vitrine faute de déco, et aucun gâteau à glisser à l'intérieur ! Une boulangère m'apprend en fait que ces cartons sont destinés à accueillir le creusois, une spécialité limousine à base de noisettes. « Si on le laisse en vitrine, le gâteau se dessèche, alors on laisse les cartons vides. » Très jolie pâtisserie, au passage, avec moulures et boiseries sculptées dans la Grande Rue. Mais la plus belle vue du vieux Guéret, on l'a en se postant tout en haut de la place du Marché. Quelques jolies façades aux couleurs pâles sur fond de clocher : on ne trouvera pas mieux. L'église est aussi dépouillée qu'un temple protestant, le square Jorrand offre quelques bancs et un peu de verdure. Il faut se contenter de peu quand on visite Guéret.

Ne soyons pas trop sévère avec la ville, d'autres l'ont été, et pas qu'un peu. Pendant l'entre-deux-guerres, l'écrivain Marcel Jouhandeau, fils de boucher, a chargé la barque dans une série de contes, de nouvelles et de récits, brillamment rassemblés en un seul volume de la collection « Quarto », chez Gallimard. Il y tire à boulets rouges sur la petite société de Guéret, rebaptisée par ses soins « Chaminadour ». Tout le monde y passe : coiffeur, boucher, curé, lingère, chiffonnier, fermier, médecin… Dans ce jeu de massacre exécuté d'une plume virtuose, trempée dans l'acide le plus corrosif, personne ne se relève. À Chaminadour se croisent bellâtres cocufiés et fausses bigotes, maires bravaches, nymphomanes toxiques et mères au foyer humiliées. On étouffe les nouveau-nés bâtards qui jetteraient l'opprobre sur la famille, puis on les enterre en douce, la nuit, pour ne pas être vu. On se vole, on se ment, on se dénonce, on se venge, et tout cela mijote à petit feu dans un bourg bien de chez nous, à l'ombre du clocher de l'église où, chaque dimanche, tout est pardonné. « Marcel Jouhandeau n'avait aucune imagination. Il a observé et retranscrit tout en sublimant les travers des uns et des autres. “Je suis le notaire de la vie”, disait-il. Évidemment, chacun s'est reconnu et s'est senti trahi. Jouhandeau est devenu le traître, l'enfant honni de Guéret. » Hugues Bachelot, l'arrière-petit-neveu de Marcel Jouhandeau, parle volontiers de son aïeul. Il m'accueille amicalement chez lui, dans l'ancienne demeure familiale.

S'il y revenait aujourd'hui, l'écrivain ne trouverait pas la maison changée. Son bureau n'a pas bougé, le parquet craque, le mobilier ancien croule sous ses livres – certains annotés de sa main en grec, car l'érudit lisait et écrivait le latin et le grec. Tout est resté figé au mitan du siècle dernier. On s'attend à tout moment à voir entrer André Gide, Max Jacob, Jean Paulhan, Gaston Gallimard, tous ces pontes des belles-lettres parisiennes que Jouhandeau invitait chez lui en vacances. Quitter la capitale, où il faisait carrière, pour revenir séjourner à Guéret n'était pourtant pas une sinécure. « Les habitants, qui se sentaient insultés, vidaient leurs pots de pisse et de merde devant la porte de la maison. Pour ne croiser personne, Jouhandeau arrivait de nuit, descendait à la gare de La Brionne, juste avant celle de Guéret, et prenait un tilbury jusqu'à chez lui. Il y restait enfermé, sortait un peu dans le jardin clos. La colère des Guérétois était tenace. La fille de la vraie Mme Pô [l'un des personnages de Chaminadour le plus sévèrement caricaturé] a même fait construire une maison sur la route du cimetière pour pouvoir cracher sur le cercueil de Jouhandeau lorsqu'il passerait. Mais elle est morte avant lui. Et, de toute façon, il repose au cimetière de Montmartre ! » Catholique torturé par son homosexualité, plume brillante et assassine, styliste hors pair, Jouhandeau attend que son petit-neveu le tire du purgatoire où il croupit depuis des lustres.

C'est que l'auteur de *Chaminadour* est aussi celui du *Péril juif*, brûlot antisémite publié pendant la Seconde Guerre mondiale. Son voyage dans l'Allemagne nazie, sur invitation de Goebbels, aux côtés de Brasillach et de Drieu la Rochelle (entre autres) n'arrangea rien. Jouhandeau reniera ses écrits, mais le mal était fait. Ses admirateurs ont beau plaider l'aveuglement passager et refuser de le ranger aux côtés d'authentiques antisémites, le nom de Jouhandeau sent encore le souffre. « Il n'aura jamais sa rue à Guéret – son père boucher a la sienne, pourtant. Ici, vous comprenez, c'est une terre de Résistance. La Haute-Vienne voisine est le premier maquis de France, et beaucoup de Justes ont recueilli des juifs en Creuse », explique Hugues Bachelot, qui veut distinguer l'homme de son œuvre. Depuis dix ans, il organise à Guéret les Rencontres de Chaminadour, rendez-vous littéraire autour d'un auteur : Antonin Artaud, Jean Echenoz, Julien Gracq, mais aussi Pascal Quignard, Pierre Michon, Olivier Rolin, Patrick Deville… Pas de séances de dédicaces comme dans les foires aux livres habituelles, mais des discussions assez poussées sur la littérature – avec un grand L. « On pensait attirer 30 personnes au début, et c'est toujours plein. Le public vient parfois de loin, mais aussi de tout près, comme ces femmes d'agriculteurs de la Creuse réunies en un groupe de lectrices. Pourtant, à cause de Jouhandeau, certains écrivains refusent encore de venir. »

Que reste-t-il de Chaminadour ? Nous sortons voir. La rue des Pommes (actuelle rue de l'Ancienne-Mairie) a bien changé. Ses petits commerces de bouche en faisaient une artère grouillante de vie, un théâtre de la comédie humaine – le jeune Marcel n'en perdait pas une miette. Un modeste fleuriste remplace désormais la boucherie Jouhandeau, les gens du voyage squattent les étages supérieurs. La rue est déserte, les boutiques périclitent sauf un bon petit restaurant, les Saveurs du Terroir. La place Bonnyaud est… « Non, me coupe Hugues Bachelot, la place Bonnyaud, ce n'est déjà plus le Guéret de Jouhandeau. Chaminadour, c'est la place du Marché, cinquante mètres à droite, cinquante mètres à gauche, c'est tout. Trente livres ont été écrits sur ce tout petit espace. À l'époque, les Guérétois ne sortaient pas de leur quartier, encore moins de leur ville. Leur vie se passait à la boutique. Aujourd'hui c'est le règne des franchises et les commerçants n'habitent plus sur place. »

En 2012, la revue *Technikart* plante un second couteau dans le dos de Guéret. Dans un article titré « La bouse ou la vie », l'auteur n'y va pas de main morte : « des ploucs, des viocs, et des bovins en surnombre », « une vie sociale un brin consanguine » et autres douceurs. L'article fait grand bruit. Les Guérétois offensés répondent, créent une page Facebook, s'expliquent à la télé. « Cela a rapproché tout le monde ici, les jeunes et les vieux, les politiques de droite comme de gauche », se souvient Baptiste Ridoux. Cinq ans que ce geek chargé de désenclaver numériquement le pays de Guéret est installé ici, « dans le fin fond de la Creuse », selon l'expression consacrée. Nous nous rencontrons à côté de la Quincaillerie numérique, un tiers-lieu qui s'apprête alors à voir le jour en plein centre-ville. « Il y aura un espace de *coworking* (atelier coopératif avec wifi et ordinateurs), une radio associative, un espace de médiation numérique et un FabLab. » Un quoi ? « Un FabLab, un labo où le public peut utiliser des machines numériques de pointe, comme une imprimante 3D, une découpeuse vinyle, une presse à chaud. La mamie qui a cassé sa pièce de machine à laver pourra venir la faire refaire. Bref, ce sera un espace de travail partagé pour les micro-entrepreneurs, mais aussi un lieu de convivialité ouvert à tous, jeunes et seniors, passionnés et non-initiés. L'idée est de créer une synergie entrepreneuriale, mais aussi du lien social. » Je quitte brusquement Chaminadour pour Palo Alto, la Creuse pour la Silicon Valley – je m'emballe un peu.

Baptiste anime par ailleurs une émission de reggae à la radio et participe au GANG, un collectif d'associations alternatives œuvrant pour animer les nuits guérétoises. Il habite non loin d'ici dans une grande et belle ferme tout confort, qu'il loue pour le prix d'une studette à Paris. Pour écouter du dub et du reggae, il se rend en Dordogne et dans les Deux-Sèvres. Sa vie culturelle n'a rien à envier à la mienne, moi qui vis près de la capitale. Pourtant, on serait bien en peine de trouver ici plus de deux bars ouverts le soir. Les étudiants qui font bouger la ville ne sont pas non plus légion. « Environ 600 tout de même, grâce au Pôle domotique et santé de Guéret. La domotique englobe les nouvelles technologies destinées à favoriser l'autonomie des personnes et leur maintien au domicile. Un débouché important pour la *silver economy* – les personnes âgées, quoi. À ce niveau-là, on a vingt ans d'avance sur la moyenne nationale ! » explique Baptiste dans un éclat de rire.

— T'es métal ? lui demande soudain Hugues Bachelot, qui ne m'a pas quitté.

— Plutôt reggae et dub, répond Baptiste.

— Non, parce qu'il y a un grand festival de métal ici en mai.

Entendre cela dans la bouche de l'arrière-petit-neveu de Marcel Jouhandeau est un délice surréaliste.

Le musée de la Sénatorerie est à Guéret ce que le Louvre est à Paris. On y trouve aussi bien des vases de jade chinois que des sculptures gallo-romaines et des émaux du Limousin. On y voit surtout une étonnante collection d'animaux naturalisés du monde entier, dans la grande tradition des cabinets d'histoire naturelle du XIXe siècle. Derrière des vitrines d'un autre âge se côtoient lion, crocodile, paon, singes, puma, ours blanc, kangourou et papillons, l'arche de Noé au grand complet. Mais le clou du musée reste la salle des peintres de la vallée de la Creuse. De 1850 à 1930, une colonie d'impressionnistes transforma cette petite vallée perdue en atelier d'art à ciel ouvert. George Sand les avait appâtés un peu plus tôt en décrivant ses balades avec Chopin sur les ruines de Crozant. Les paysages d'Armand Guillaumin explosent de roses, de mauves, de violets, Paul Madeline voit des ciels acidulés, Alfred Smith des coteaux rose et vert vif. Un vent de psychédélisme souffle sur les toiles. Les sites choisis sont toujours les mêmes : les ruines de Crozant, les gorges de la Sédelle, les bords de la rivière Creuse. Tout cela donne une furieuse envie d'y faire un tour. Ça n'est pas loin d'ici, 40 kilomètres tout au plus.

Après le confinement des boutiques jouhandéliennes et des administrations guérétoises, la campagne de la Creuse offre une grande bouffée d'air pur. On respire un peu mieux. Je croise un chevreuil, un tracteur et un écureuil sur la route de Fresselines. Claude Monet y a peint le confluent des deux Creuses, fasciné par la lumière jouant sur les coteaux et par les reflets de l'eau « en paillettes de diamant » – c'est ce que dit le pupitre planté là à l'intention des promeneurs, ôtant du même coup au site la « sauvagerie terrible » qui avait séduit le maître. Un panonceau m'apprend tout de même une anecdote amusante. Monet avait peint en hiver un chêne au bord de l'eau. Il voulut reprendre sa toile inachevée au printemps. Malheur, des bourgeons avaient poussé ! Monet offrit 50 francs au propriétaire de l'arbre pour qu'il les arrachât. Ainsi l'Art fut-il sauvé. Pour admirer les Monet creusois, il faut aller à New York, à Chicago ou au musée Marmottan. Quant au vieux chêne, je ne l'ai pas trouvé. Je n'ai pas non plus trouvé la confluence des deux Creuses car les rives inondées en empêchaient l'accès. J'ai bien tenté d'escalader une falaise en sous-bois pour l'apercevoir de loin, mais n'ai réussi qu'à me couvrir de boue, de feuilles mortes et de mousse écrasée. Qu'importe, je veux surtout voir Crozant.

C'est à Christophe Rameix, un marchand d'art qui passa une partie de sa jeunesse en Creuse, que l'on doit la découverte de l'école de Crozant. Celle-ci n'a rien à envier à l'école de Barbizon ou à celle de Pont-Aven, assure-t-il. Je le rencontre chez lui, à La Celle-Dunoise.

« À Paris, je voyais défiler des paysages de la Creuse et personne ne faisait le lien. J'ai vu à Drouot les ruines de Crozant présentées comme celles d'un château cathare. Le musée d'Art moderne a pris *La Sédelle* (rivière creusoise) de Picabia pour un paysage du Pays basque, et un galeriste de Pont-Aven a acquis une vue de la Creuse en pensant reconnaître l'Aven. » En cinq ans de recherches, Christophe Rameix exhuma à lui seul une part du paysagisme français. Le grand public découvrit qu'en moins d'un siècle 300 à 400 peintres étaient venus poser leurs chevalets sur un territoire minuscule (quasi jouhandélien !), entre Gargilesse et Fresselines. « Monet a peint une petite Creuse sans ciel, qui annonçait les nymphéas. Une audace inouïe pour l'époque ! Picabia a cubisé la Sédelle. Léon Detroy vous donne la température de l'eau et son odeur rien qu'avec ses couleurs. Et une fois que vous avez vu les arbres bleus de Guillaumin vers Crozant, vous les voyez bleus pour toujours. »

Une heure plus tard, je contemple les ruines de Crozant depuis les rochers de la Fileuse. La vue sur le promontoire, couronné de tours écroulées et enserré par la Creuse, est splendide, mais où sont les roses, les mauves, les bleus ? « La végétation a changé entretemps, m'avait prévenu Christophe Rameix. La forêt a envahi les coteaux, qui étaient autrefois couverts de bruyères, d'ajoncs et de genêts – les fameux roses et bleus des impressionnistes. Et puis la construction du barrage d'Éguzon en 1926 a noyé 10 kilomètres de gorges très intéressantes, faisant fuir les derniers peintres. » Dès lors, que faire à Crozant ? Prendre une photo en notant la disparition d'un paysage qui inspira les pleinairistes de jadis ?

Je débusque le GR 654 qui part à l'assaut des rochers de la Frileuse. Qu'elle est terne, cette forêt !

On dirait que les peintres d'hier ont vidé le pays de toutes ses couleurs. Peu à peu, pourtant, celles-ci finissent par jaillir au fil de la marche. D'abord timides, puis gaillardes. Un rayon de soleil, qui troue les nuages, transforme soudain le tableau. La bruyère autour des rochers contient difficilement l'explosion printanière de mauve. Les mousses spongieuses dans le chemin creux m'éblouissent de leur vert vif. Au sommet de la falaise, le site de Crozant offre ses ruines sur son promontoire entouré d'eau. Il est midi et je suis à contre-jour. Un impressionniste ne pourrait rien faire avec une lumière aussi dure, mais en fin de journée, il y a sûrement de quoi peindre ici un petit quelque chose qui terminera au musée Marmottan ou à la Fondation Barnes de Philadelphie. Comme l'art ne se repose jamais, même quand il n'a rien à dire, un sculpteur contemporain a cru bon d'installer sur les rochers des batraciens en pierre, pauvre tentative de land-art, pour « dialoguer » avec les ruines de Crozant.

Plus tard, je rejoins le moulin de la Folie, inlassablement peint par les impressionnistes. La rivière folâtre entre les rochers, écume, noie les troncs des saules moussus. Les coteaux ont encore cette teinte terreuse de l'hiver. Pas besoin de land-art, la nature met elle-même ses coups de pinceaux, racle les verts, étale les bruns, hache les blancs.

Bien sûr, un visiteur pressé passera devant tout cela sans ciller. Il faut de la patience et une sensibilité aux aguets pour lire cette nature qui a subjugué les artistes. Du talent, aussi, pour transcender le réel. C'est ce qu'ont réussi Marcel Jouhandeau à Guéret et les impressionnistes dans la vallée de la Creuse. C'est ce à quoi nous invite ce « fin fond de la Creuse » où l'on s'enlise pour mieux rejaillir.

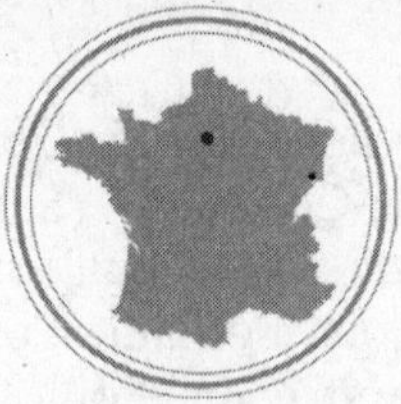

# CERGY

## Voyage en utopy

L'esprit de découverte a ses limites. Quand on quitte la ville, c'est pour la campagne. Et quand on quitte la campagne, c'est pour la ville. Entre les deux, on passe son chemin. Nulle envie de s'arrêter à Aubervilliers, Créteil ou Gennevilliers. Encore moins à Sarcelles, Torcy ou Cergy – il faudrait prendre le RER et pour voir quoi d'abord : des barres de HLM ? Des voitures qui flambent ? Et voilà que l'on tombe dans le premier piège venu, la première chausse-Trappes : l'énumération des maux qui gangrènent la banlieue (violence, délinquance, exclusion, etc.). Tirons-nous de ce guet-apens. Et puisqu'il est ici question de dépasser nos préjugés, allons voir en Île-de-France une banlieue dont on ne parle pas. Non pas la ceinture rouge (ou ce qu'il en reste), ni la très cossue banlieue ouest, ni les cités chaudes. Non, allons voir la lointaine banlieue. Celle que l'on a plantée là, aux confins du territoire francilien, qu'on espérait voir grandir toute seule et qui vit comme en exil de Paris – Paris vers laquelle se tournent tous ses regards. Drôle de zone de transition entre ville et campagne, cumulant les inconvénients de la première sans les avantages de la seconde, et inversement.

J'ai longuement hésité entre Cergy-Pontoise (Val-d'Oise) et Pontault-Combault (Seine-et-Marne). Les deux villes me paraissaient également peu attirantes. J'avais un faible pour Pontault-Combault à cause de son nom de village africain. Ponto Kombo, ça sent la savane, les boubous colorés et le balafon. Mais j'ai préféré m'attarder à Cergy-Pontoise. D'abord à cause de son nom rébarbatif. Ensuite parce que c'est une ville nouvelle (à l'instar d'Évry, de Saint-Quentin-en-Yvelines ou de Marne-la-Vallée) et qu'il me plaisait d'interroger le rêve utopiste des fondateurs, près de quarante ans après sa naissance.

Cergy-Pontoise désigne une agglomération qui compte plus de 200000 habitants, répartis sur 13 communes. Pontoise ou encore Saint-Ouen-l'Aumône en font partie. Pontoise est bien jolie avec son label « ville d'art et d'histoire » et ses visites touristiques à la bougie, mais c'est Cergy qui m'intéresse.

En 1960, c'était un village rural de 3000 âmes. Aujourd'hui, c'est une ville de plus de 60000 habitants qui s'est déployée en épousant la boucle de l'Oise. La cité a conquis les coteaux, poussé sur le plateau et dévoré presque entièrement les terres agricoles. C'est qu'il fallait bien désengorger Paris à la fin des années 1960. La politique des grands ensembles (les cités dortoirs, pour faire vite) ayant montré ses limites, l'État adopta une nouvelle tactique en créant le concept de « ville nouvelle ». Les architectes et les urbanistes bâtirent moins haut, structurèrent les quartiers en fonction de nouvelles logiques de déplacements (on découvrait que l'homme avait des pieds en plus de sa voiture), imaginèrent des espaces verts (l'homme avait aussi besoin de respirer). Les paysans du coin vendirent leurs terres aux promoteurs – l'argent servit à payer des études aux fistons qui, dans bien des cas, ne voulaient pas reprendre l'exploitation.

La première pierre fut posée en 1969. Les nouveaux habitants débarquèrent en 1972 parmi les engins de chantier. Les quartiers poussèrent les uns après les autres. Aujourd'hui encore, les Cergyssois se définissent avant tout par leur quartier : on est de Cergy-Préfecture, de Saint-Christophe, des Touleuses ou des Hauts-de-Cergy. Le miracle est que, dans ce grand chambardement, le vieux village primitif ait survécu. Autour de l'église fortifiée (beau portail Renaissance, au passage), d'anciennes fermes en pierre blanche ont conservé leurs portes charretières. La placette et ses maisons basses en pierre, tout enveloppées de silence, rappellent les villages du Vexin tout proche.

Cergy-le-Vieux existait déjà à l'époque gallo-romaine, et c'est bien au village d'Astérix que l'on pense en étudiant le plan de ville actuel : le vieux Cergy, tout encerclé par les immeubles de la ville nouvelle, a résisté aux légions de bulldozers et il tient encore debout, petit et fier. Conseillons à chacun de commencer sa visite par là. Pour le visiteur que l'architecture d'une ville nouvelle intimide, les vieilles pierres font l'effet d'un doudou rassurant. Une maison à colombages mène au port : c'est l'ancienne maison du passeur car, jusqu'à la fin du XIX^e^ siècle, on prenait le bac pour passer d'une rive à l'autre, bétail inclus. C'est aussi le seul bâtiment authentique de Port-Cergy, marina kitsch (la première d'Île-de-France) créée dans les années 1990 par François Spoerry et son fils Bernard. Spoerry père est célèbre pour avoir bâti la cité lacustre de Port-Grimaud (Var). On retrouve ici son penchant pour l'architecture factice de village idéal : frontons, faux clochers, tourelles à colombages. Le petit port de Cergy est 100 % artificiel, mais si une ville nouvelle ne peut pas se permettre ce genre de délire pastiche, qui le pourrait ? Et puis l'air est si doux en cette matinée de printemps, l'Oise si lénifiante, les péniches si hollandaises, que l'on s'attarde plus que de raison dans ce minuscule décor de théâtre pour enfants.

Vient l'heure de se coltiner le vrai Cergy, le Cergy moderne, le Cergy béton. Le quartier des Plants témoigne des premiers habitats de la ville nouvelle : de petits immeubles sobres, sans ascenseur, organisés en îlots d'où la voiture était exclue. Une école maternelle et primaire par quartier, une salle de réunion, des passerelles et des tunnels pour rejoindre le centre commercial ou le quartier voisin à pied, sans croiser de véhicule. L'ensemble est modeste et bien tenu.

Les architectes se sont montrés plus imaginatifs dans le quartier des Linandes, construit plus tard dans les années 1970. Des immeubles prennent la forme de cubes agencés dans un désordre apparent. Des femmes en boubou, des beurettes à chignon vertical, des peaux de toutes les teintes évoluent le long d'allées bordées d'arbustes rabougris. Le chemin piétonnier qui monte vers Saint-Christophe traverse le quartier de la Justice. Les immeubles ne dépassent pas six étages. Les peintures et les revêtements ont pris un coup de vieux, mais les pelouses sont propres, les aires de jeux se tiennent, les immeubles ne sont pas dégradés. Je fais l'inspecteur des travaux finis, mais cette observation méticuleuse du bâti cache, je l'admets, la petite appréhension que j'ai à me promener ici car je ne suis pas du quartier. D'ici vient la malédiction des cités : elles suscitent l'inquiétude même quand elles sont sans danger.

Le moindre groupe de jeunes prend des airs de bande menaçante, le moindre passage sous dalle évoque un guet-apens. L'imagination s'enflamme vite et l'on en veut aux journaux télévisés, au rap, aux films brûlots sur la banlieue autant qu'à soi-même de se laisser déborder par cette paranoïa pyromane.

Le quartier de la préfecture offre une tout autre ambiance, studieuse et affairée en journée. C'est ici que bûchent les étudiants des grandes écoles (l'Essec en tête), des instituts supérieurs et de l'université de Cergy. De la gare RER sortent des gens pressés, qui sillonnent en tous sens la grande dalle du parvis. Nous sommes ici en plein dans les années 1970-1980 : béton strié, carrelage fatigué et architecture futuriste déjà rétro. La préfecture toute grise en forme de pyramide renversée évoque un jeu de Lego assemblé par un enfant triste. La tour EDF-GDF repose sur un étroit pied en béton, à la façon d'un artichaut. L'hôtel de la communauté d'agglomération est un machin vert et bleu avec des verrières, du carrelage et des armatures métalliques dans le goût du palais omnisports de Paris-Bercy (qu'il faut désormais appeler AccorHotels Arena). Ce fut moderne un an ou deux, ça ne l'est plus, et l'on se demande quelle époque réhabilitera ce type d'architecture. En attendant ce jour, des jardiniers et des artistes ont été appelés à la rescousse pour sauver les meubles. Des végétaux, des sculptures et des fresques peintes tentent de faire oublier l'esthétique post-pompidolienne, les immeubles marronnasses et les dalles grisâtres. Cautère sur jambe de bois.

À Saint-Christophe, une double horloge de dix mètres de diamètre (la plus grande d'Europe) trône au-dessus de la deuxième station de RER de Cergy. Une foule métissée où se mêlent rastas désœuvrés, indiens, retraités blancs et femmes voilées, va et vient entre la gare et les immeubles de brique, les épiceries arabes, les boutiques asiatiques. Au milieu de l'agitation, un colosse immobile attire les passants comme un aimant. Bley Mokono, c'est son nom, est candidat sous l'étiquette PS aux élections départementales de 2015[1]. Tout le monde s'arrête sous la double horloge pour le saluer et lui dire deux mots. Il plaisante avec les anciens, hèle les jeunes à capuches, glisse un mot gentil aux mères au foyer. Il fait campagne sans distribuer aucun tract. Puisqu'il est disponible pour tout le monde, nous parlons. « Cergy a un peu perdu l'esprit de village des débuts. On a connu des moments durs avec les rivalités entre quartiers. J'ai perdu un cousin dans un meurtre en 1999. Mais cela a provoqué un réveil des consciences. Aujourd'hui 110 nationalités vivent ensemble ici, et plutôt bien. [*À un jeune : "Eh Mohammed ! Tu votes dimanche, hein ? Je t'ai à l'œil ! Je compte sur toi !"*] Je fais partie de la génération des grands frères. J'avais pour mission de "nettoyer" les bus de l'agglo, mais à ma façon : j'entrais dans le bus et les gamins turbulents se calmaient… » Bley Mokono, qui a tâté du gant de boxe, a la carrure d'un poids lourd, mais son sourire bonasse le range parmi les frangins balèzes qu'on a aussitôt envie d'avoir à ses côtés. Ce pur Cergyssois connaît mieux le terrain que les éléments de langage de la politique moderne. « Vous savez, c'était dur de montrer l'exemple, de ne pas cracher par terre. *Scarface* et *La Haine* ont fait beaucoup de mal aux banlieues. Sans oublier la sectorisation par

1. Candidat au côté de Florence Augier, il sera battu au second tour par l'UMP.

quartiers. » Tout en discutant, Bley Mokono salue les passants qu'il connaît, c'est-à-dire tout le monde. Ceux qui n'ont pas le droit à un mot ou à un signe de tête semblent aussitôt suspects. « On a le même parcours et la même population qu'Évry-Courcouronnes, sauf qu'on a 8 $km^2$ d'espaces verts, une urbanisation plus étalée, une mixité sociale. Les travailleurs sociaux ont-ils travaillé ici mieux qu'ailleurs ? En tout cas on ne doit pas s'arrêter là. Il faut faire revenir les classes supérieures à Cergy. »

Ces dernières arrivent timidement dans les Hauts-de-Cergy. Une atmosphère résidentielle, ouatée, flotte sur ce quartier en pleine mue depuis les années 1990-2000. Des grues, des engins de chantier et des ouvriers s'activent sur ce qu'il reste d'espaces vides. Avec leurs façades cubiques et leurs couleurs pétantes, les nouveaux immeubles ressemblent à des jouets colorés ou à une partie de Tetris interrompue. C'est une architecture ludique, enfantine, qui donne l'impression d'évoluer dans une crèche géante. Les rues portent des noms de héros d'aventure : rue du Capitaine-Nemo, rue Michel-Strogoff, rue Philéas-Fogg. Même la mosquée, en s'en allant vers Saint-Christophe, est coloriée au pastel.

Plus loin sur le boulevard de l'Oise, la commune de Vauréal nous plonge en plein Disney. À côté de la rue des Jours-Heureux, sur la place du Cœur-Battant (ces noms…) s'alignent des façades pimpantes rose pastel, jaune citron ou bleu layette. Des réverbères à l'ancienne, des balustrades en fer, des pans de brique ont été ajoutés pour faire vrai, mais tout semble sorti d'un catalogue Kaufman & Broad. Une jeune fille en skate glisse sans bruit dans ce décor trop sucré. Est-ce une figurante ? Dans quel *Truman Show* est-on tombé ? Un doux vertige nous prend, qui n'est pas désagréable.

Mais ce n'est rien comparé à ce qui nous attend à notre retour dans les Hauts-de-Cergy. Sur le boulevard des Navigateurs, un bateau échoué, une épave : Mirapolis. Ce parc d'attractions inauguré en 1987, fermé quatre ans plus tard faute de rentabilité, est devenu un vaste terrain vague de 47 hectares. L'immense statue de Gargantua qui dominait le site a été détruite en 1995 et les 29 manèges du site ont été démontés. Des têtes d'éléphants rose, vert et jaune montent encore la garde sur les grilles de fer. Le gardien, un ancien forain du parc, vit dans une maisonnette à l'entrée. Le manège Tagada, c'était lui. Il laisse passer la brigade canine qui s'entraîne ici. Aux autres, le site est fermé. On finit tout de même par laisser passer le journaliste insistant – après tout, que risque-t-on puisqu'il n'y a rien à voir ? Me voici donc lâché, seul, dans un no man's land post-atomique. Des allées bitumées jonchées d'objets calcinés, de bris de verre, de bidons rouillés, de vieux câbles… L'une d'elles mène à une mare verdâtre bordée de roseaux, de bouleaux et d'un saule pleureur. Je dérange un héron, qui s'envole. Partout la nature a repris ses droits. Les bâtiments ont disparu. Seules subsistent des dalles lézardées, envahies par les ronces. Aucune trace du manège à tasses à l'effigie de Groquik ni du Palais de dame Tartine. Que fait ici cette vieille valise ouverte que l'automne a poétiquement remplie de feuilles mortes ? Et ce vélo d'enfant, rose et cassé ? Le bassin qui accueillait les bateaux-bûches dans de grandes gerbes d'eau est vide et silencieux. On s'est amusé ici, quatre saisons durant. La fête est finie. Les arbres chétifs plantés à l'époque ont grandi et poussé sans contrainte.

Au détour d'un fourré, une passerelle enjambe un fossé profond. Je hasarde mon pied, les lattes de bois vermoulues craquent. Certaines sont tout effritées et laissent apparaître le vide. Le cœur battant (comme on dit à Vauréal), je contourne le trou et me hasarde sur le pont avec les précautions d'un démineur. Je sue à grosses gouttes. Et si tout s'effondrait, qui viendrait me porter secours ? Qui m'entendrait au fond de ce bois perdu ? Vais-je finir mes jours aussi stupidement, la jambe cassée au fond d'un Luna Park à l'abandon ? Concentré sur chacune des lattes, j'avance à pas de velours tout en me traitant d'imbécile. Mirapolis, qui n'a pas assez su divertir en son temps, se rattrape avec moi par une dose d'adrénaline. Mickey peut remballer son Space Mountain.

La passerelle franchie, je m'égare dans une forêt jonchée de pneus de voitures. Me voilà perdu au royaume de Gargantua. D'anciens baraquements ouverts aux quatre vents me ramènent à l'entrée. Fin de l'aventure.

Un jour, l'ancienne Mirapolis sera transformée en golf, ou bien elle sera vendue à des promoteurs immobiliers. On y replantera des arbres chétifs, on y bitumera de nouvelles allées. Et si la banqueroute survient à nouveau, on retrouvera le même décor après quelques années : du matériel pourri et cassé au milieu des ronces, comme si c'était tout ce que l'homme était jamais capable de laisser derrière lui.

C'est une autre passerelle que je franchis une demi-heure plus tard. On l'écrit Passerelle avec un grand P car elle est l'un des éléments de l'Axe Majeur (avec un grand A et un grand M). Ce grand dessein artistico-urbanistique imaginé par Dani Karavan avait pour ambition de mettre en valeur l'amphithéâtre naturel de la boucle de l'Oise. Entre la tour Belvédère et l'étang de la Folie, l'artiste israélien a tracé une ligne de 3 kilomètres (le fameux Axe Majeur) jalonnée d'œuvres d'art. Le visiteur est invité à s'arrêter à chacune des douze « stations » qui, pour une fois à Cergy, ne sont pas de RER. Dans le livret officiel que j'ai sous la main, l'Axe Majeur est présenté comme la huitième merveille du monde, le chaînon manquant entre la place du Capitole à Rome, le parc de Vaux-le-Vicomte et la ville nouvelle de Brasilia. Il y est question d'« harmonies cosmiques » et d'« ambition spatialiste ». Sans aller jusqu'à convoquer Saturne ou Jupiter, je peux dire, à mon humble niveau de piéton, que l'Axe Majeur est un lieu de promenade bien agréable.

Cela commence donc sur la place Hubert-Renaud, à Saint-Christophe. Des immeubles néo-antiques forment un demi-cercle, et l'on reconnaît aussitôt la patte de Ricardo Bofill, l'architecte espagnol qui, de Marne-la-Vallée à Saint-Quentin-en-Yvelines et de Montparnasse à Montpellier, essaime ses rêves kitsch de nouvelles Athènes. Au centre de la place, la tour Belvédère se dresse sur 36 mètres de haut (un multiple de 12) et son escalier intérieur en hélice effectue 12 rotations. Évidemment, la récurrence du nombre 12 n'est pas due au hasard. 12 est un symbole fort, voyez-vous. Notre système solaire repose sur les 12 heures du jour et de la nuit. Et alors ? me direz-vous. Eh bien… eh bien, voilà, quoi, 12, le temps, l'architecture, le cosmos… 12… vous saisissez… non ? Moi non plus.

Passé un verger en pente douce bordé de vignes, on rejoint une vaste esplanade désertique, minérale, sinistre ajouterais-je, mais c'est que je n'ai encore rien compris au grand dessein : ce dépouillement est voulu. Le regard ne doit s'accrocher à rien pour mieux s'enfuir à l'horizon, c'est-à-dire vers les tours de la Défense. Tout de même, on planterait bien un peu de pelouse, et tant pis pour l'harmonie cosmique. Tout au bout de l'esplanade, 12 colonnes sont plantées dans le sol – 12 encore, comme un nombre d'or. Le panorama qui se déploie au pied de cette colonnade inutile (puisqu'elle ne soutient rien) mérite un temps d'arrêt. Les coteaux boisés ceinturent l'Oise, qui enserre elle-même les étangs de Cergy dans son méandre ; au fond, le skyline de la Défense et, fendant le paysage en deux tel un rayon laser, la ligne blanche de l'escalier dévalant la colline et, dans son prolongement, la Passerelle rouge vif, celle avec un grand P. Oui, cela a de l'allure. L'Axe Majeur trouve dans cette impeccable perspective sa pleine justification. Nul besoin de galimatias ésotérique.

Des marches dévalent une agréable pente herbeuse (dédiée aux droits de l'homme, ça ne mange pas de pain) et mènent à la Passerelle contemporaine. Celle-ci jaillit comme une flèche, survole l'Oise et s'arrête net au bord des étangs de la base de loisirs. Des arcs en forme d'agrafes scandent avec élégance ce long trait rouge. Tout au bout, on se retourne comme pour vérifier que l'on a bien suivi la ligne droite, comme si on l'avait tracée soi-même. À l'origine, la Passerelle devait relier à la terre ferme un îlot de l'étang. À côté de celui-ci, une petite pyramide émerge de l'eau, comme une mini-préfecture du Val-d'Oise à l'envers. Seuls les cygnes et les canards y ont accès. Quand le vent s'y engouffre, l'édifice émet, paraît-il, un léger sifflement. Le souffle d'Osiris, probablement.

La dernière station de l'Axe Majeur, la moins spectaculaire, est située de l'autre côté de l'étang, à un carrefour situé au hameau de Ham. Personne n'y va jamais, c'est trop excentré, de sorte que le tracé termine réellement sa course dans l'eau de l'étang. Plouf.

Il faut ici souligner l'importance de l'étang de Cergy, ou plutôt des étangs, car ce dernier se compose en réalité de plusieurs pièces d'eau. On y voit des canards et des kayaks, des plongeurs et des nageurs. Le jour où je m'y promenai, je tombai sur un parcours d'eaux vives, sorte de torrent de montagne artificiel. On y pratique le raft, le surf et surtout le kayak. Les pompiers s'y entraînent à l'hydrospeed. Perché sur une petite passerelle, j'observai un groupe de kayakistes s'entraîner à passer des portes dans des flots d'écume. Au loin, j'aperçus une plage de sable avec des parasols en paille et des rochers factices pour faire Seychelles.

En cette matinée printanière, les promeneurs marchaient, trottaient ou couraient sous les arbres, au bord de l'eau – celle des étangs ou celle de l'Oise. Sous la Passerelle de l'Axe Majeur, le paysage est à la fois bucolique et contemporain. Ailleurs il est campagnard au point de faire oublier les quartiers habités au sommet de la colline. Cergy ne serait qu'un long serpent de béton sans ses étangs et sa rivière. Sur la carte, les étangs forment un œil bleu en plein milieu de la ville.

Un tel environnement est une plaie pour la culture rap. Comment voulez-vous avoir la rage dans une ville pensée pour le bien-être ? Allez vous révolter au bord d'un lac où glissent les cygnes, vous ! Cergy n'a pas le vivier de Trappes, de Saint-Denis ou de Sarcelles. Les gros poissons carnassiers du hip-hop fraient dans les eaux glauques du 93 ou du 92. Ici on ne trouve que du menu fretin, tel le gentil Anis et son swing jazz musette. « J'suis pas né dans l'Missouri / J'suis pas d'Oklahoma City / J'ai grandi dans le 9-5 à Cergy / Cergy, mon petit paradis / Ma sweet banlieue pourrie / Dans le coin, c'est l'Oise qui coule l'ami », chantait-il dans *Cergy* en 2006. On rappe en mode mineur sur l'Axe Majeur.

« Nous n'avons pas ces concentrations de tours, nous ne sommes pas emmurés, s'excuse presque Abdelilah Rahilou. Ici, on respire. Il y a le lac, les champs, les vergers. On croise des tracteurs. Petit, je ramassais les patates, j'en touchais 5 francs le sac. » C'est en palabrant dans la rue avec le géant Mokono que j'ai eu le contact d'Abdelilah. « Quand je suis arrivé ici avec mes neuf frères et sœurs en 1972, Saint-Christophe n'existait quasiment pas. Nous étions au milieu des champs. On a vu l'horloge se construire. Comparé à Argenteuil d'où on arrivait, Cergy c'était Las Vegas : un grand appartement avec baignoire, un immeuble avec ascenseur… »

La famille Rahilou a pris racine à Cergy. Khalid est devenu champion du monde WBA des superlégers. Son frère Abdelilah dirige le Rahilou Cergy Boxe. Les photos du champion maison ornent les murs de la salle d'entraînement. Sa ceinture de vainqueur, toute clinquante, lui arrive jusqu'au sternum. Sous les trophées, entre les deux rings, une quinzaine de malabars suent à grosses gouttes. L'un tape à grands coups de marteau sur un pneu de camion, l'autre soulève une barre de fer, un troisième enchaîne sauts à la corde et pompes sur un bras. Au milieu de ces muscles chauffés à blanc, irréelle dans ce temple de la virilité, une jeune femme gracile danse autour d'un sac de frappe. « Ch-chhh, ch-chhh, ch-chhh », fait-elle en esquivant des coups imaginaires. Gaëlle Amand est championne du monde WBF poids plume 2013. Elle vient s'entraîner pour la première fois depuis son dernier combat – victorieux. Personne ne semble troublé par sa présence. Pas un seul regard en coin, pas un seul sourire concupiscent. Sans doute l'effet des uppercuts qu'elle décoche en rafale à la boule de frappe. J'attends la fin de son entraînement pour aborder la championne encore tout essoufflée. Ses cheveux sont tirés en queue-de-cheval et un sourire timide éclaire son joli minois. Son nez semble n'avoir jamais pris de coup. Aucune agressivité ne transpire de sa personne.

Gaëlle Amand boxe depuis trois ans en boxe pro-amateur, mais elle est aussi éducatrice sportive à la mairie de Cergy et coach privée. Elle évoque avec un sourire angélique son passé d'ado bagarreuse. « J'ai commencé la boxe à 14 ans. Le club d'Argenteuil n'a pas voulu de moi : "On n'entraîne pas les poupées Barbie !" J'ai toujours dû prouver que j'étais une boxeuse. » À cet instant, je songe à *Million Dollar Baby* et la comparaison avec Hilary Swank saute aux yeux. Une beauté en gants de cuir que l'on ne veut pour rien au monde voir prendre des coups. « Je sais, c'est un choix étrange vu de l'extérieur. Moi-même je n'aime pas regarder les matchs de boxe, je me dis : "Ils sont malades de se frapper comme ça !" Mais quand on se trouve entre quatre cordes, c'est différent. » Pour comprendre, il faudrait enfiler une paire de gants… Gaëlle Amand confie avoir un mental d'acier. Ce ne fut pas toujours le cas. « Quand j'ai mis mon premier K.-O. et que j'ai vu mon adversaire tomber au sol, j'ai failli pleurer. »

Ainsi va Cergy la douce. Des quartiers en carton-pâte et des étangs où la dureté du monde s'amollit. Un candidat sans tract à distribuer, un chanteur qui préfère le swing au rap, une boxeuse au cœur d'artichaut. Des gens imparfaits dans une ville parfaite.

Dessinez l'utopie et vous serez déçu. La réalité corrige les plans et prend les visionnaires à contre-pied. Elle fait bien.

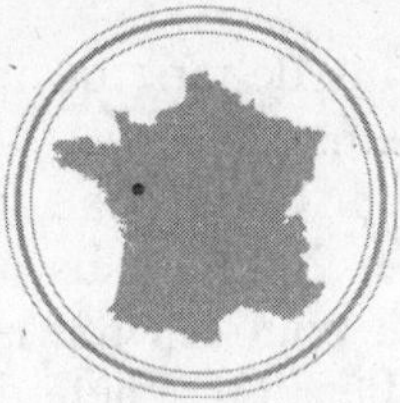

# CHOLET

## Sortez vos mouchoirs

Cholet (Maine-et-Loire) est l'ancienne capitale du mouchoir. Ce grand carré tissé que l'on déplie indéfiniment en cherchant un coin propre où se moucher annihile toute idée de grâce et de chic à la française. La plus élégante des Parisiennes, le plus raffiné des gentlemen ne peuvent rien face à lui. On peut tricher avec la pantoufle, négocier avec le béret, mais avec le mouchoir de grand-père, il faut abdiquer sans condition.

Ce satané mouchoir, qui a fait les beaux jours de la ville, lui colle à présent une image vieillotte qui désespère les communicants. Le musée du Textile sauve l'honneur.

Cette ancienne blanchisserie surmontée d'une cheminée fait tout ce qu'elle peut pour dépoussiérer l'histoire de l'industrie textile du Choletais, et elle s'en sort plutôt bien. On y apprend que « mouchoir » vient du latin *mucus* : morve ; qu'il servait aux généraux vendéens à se faire reconnaître de leurs hommes lors des guerres de Vendée ; et que certains parachutistes américains en avaient dans la poche qui représentaient la carte de France. Le mouchoir de Cholet servait donc à bouter les ennemis dehors, qu'ils fussent morveux, républicains ou allemands.

La production a cessé (la dernière fabrique a fermé ses portes en 2003), mais le musée du Textile en fabrique encore pour les touristes de passage. Ils coûtent une broutille, j'en achète deux. Nous sommes au début du printemps, et je viens de terminer avec soulagement la visite guidée intitulée « Le mouchoir dans tous ses états ». Je dis « soulagement » car je me suis bien moins ennuyé que prévu.

La raison qui m'amène à Cholet est triple. D'abord je suis intrigué de savoir à quoi peut bien ressembler une petite ville industrieuse privée de son gagne-pain (le mouchoir). Ensuite je ne connais pas le Choletais, ce petit pays du Maine-et-Loire sans Maine ni Loire, écartelé entre l'Anjou et la Vendée. Enfin je veux savoir ce qu'est devenue l'équipe de basket locale.

Pour une raison qui m'échappe, le championnat de basket français a toujours été mené par de paisibles bourgades de province. Limoges, Dijon, Pau-Orthez, Cholet, Gravelines ou Chalon-sur-Saône y tiennent le premier rang. Pourquoi joue-t-on mieux au basket dans le bocage choletais que sur les *playgrounds* de Paris, Lille ou Marseille ? L'énigme ne manquait pas de laisser perplexe l'ado que j'étais. À l'heure où, aux États-Unis, les Chicago Bulls de Michael Jordan et les Lakers de Magic Johnson enflammaient la NBA, ici les rencontres au sommet opposaient l'Élan béarnais de Didier Gadou (Pau-Orthez) au Cercle Saint-Pierre de Richard Dacoury (Limoges). Cholet jouait les poils à gratter auprès de ces deux-là. Son leader était un grand échalas du coin, Antoine Rigaudeau, et le maillot du club arborait le logo de la brioche industrielle Pitch.

Sacré Maine-et-Loire ! Les Chicago Bulls avaient pour oriflamme un taureau rouge aux naseaux fumants, les Lakers des ballons funky, les Spurs des éperons acérés, les Miami Heat des flammes, mais à Cholet, on avait opté pour le losange vert d'une marque de brioche de supermarché. Une telle irrévérence aux lois du marketing forçait le respect. Je me promettais un jour d'étudier ça de plus près.

Aussi n'ai-je pas hésité longtemps lorsque j'ai appris qu'une visite de l'usine de brioche était organisée à l'occasion des journées « Au fil des savoir-faire ». Cette manifestation, qui propose une immersion « au cœur des entreprises du Choletais », n'a lieu qu'une fois tous les deux ans. J'avais déjà loupé la comète de Halley, je n'allais pas en plus passer à côté de ça. Le catalogue des visites d'entreprises promettait de beaux moments dans l'univers des « produits en matériaux de synthèse pour le bâtiment et les travaux publics » (Nicoll), des « équipements électriques industriels » (Soreel), de la « restauration de type liaison froide » (Sodexo), du « transport et de la logistique » (Raud) et de « la confection de vêtements de travail » (Mulliez-Flory). Mais moi, ce qui m'intéressait, c'était la brioche Pasquier, dont la gamme Pitch est l'un des plus glorieux fleurons. Rendez-vous fut donc pris aux Cerqueux, petit village du Choletais où, en 1936, Gabriel Pasquier posa la première pierre de son empire boulanger.

Un groupe d'aînés, comme on dit poliment dans la presse régionale pour désigner les vioques, enfile avec moi charlottes et blouses avant de pénétrer dans le saint des saints. Nous sommes priés de laisser dans une salle fermée à clé tous nos effets personnels, y compris les bijoux, montres, boucles d'oreilles et piercings. Il faut se dépouiller de tout artifice pour accéder au sanctuaire. Ainsi parvenu à un état de pureté et d'humilité, on peut renaître à soi-même.

Notre petit groupe en file indienne suit la guide chargée de la visite. L'usine se présente sous la forme d'une grande halle parcourue de tuyaux et de tapis sur lesquels les brioches de poche défilent à vive allure. Nous suivons les différentes étapes du process de fabrication et assistons solennellement à la transformation du pétrin en beignets fourrés. Certains osent de fâcheuses questions : n'y a-t-il pas d'exhausteur de goût ? Pourquoi utilise-t-on encore de l'huile de palme ? La majorité des visiteurs haussent les épaules. Pourquoi chercher des poux à Pitch ? On ne fait pas l'athée à l'intérieur d'une église.

9000 beignets sont fabriqués à l'heure, apprend-on. « Nom de diou ! » lâche une fidèle. Une autre, en pleine extase, s'oublie : fascinée par l'apparition des beignets fourrés, elle a ouvert la porte d'une chambre stérile pour les voir de plus près. Un employé la chasse prestement. À la fin de la chaîne de production, chaque briochette est emballée individuellement avant de rejoindre son petit paquet. Celui-ci est placé dans une caisse, elle-même entreposée sur une palette. Pendant l'offertoire, appelé ici « dégustation », la grande prêtresse nous remet un feuilleté au chocolat sous emballage transparent. Chacun le porte à sa bouche avec recueillement. Ce qui se passe ensuite au tréfonds de soi n'a pas de mots.

Si la visite d'une telle usine est intéressante, ce n'est pas tant pour ce qu'elle nous apprend sur le n° 1 de la viennoiserie en France que par ce qu'elle nous dit de la région où il est né. Tel un ogre boulanger, Pasquier exporte dans le monde entier, rachète d'autres marques, installe des unités de production à l'étranger, s'adapte aux différents marchés (il a fallu créer un Pitch au goût citron pour les Anglais, c'est tout dire). Pourtant, la marque est restée dans le giron familial et a gardé son ancrage choletais, puisque tout est décidé aux Cerqueux. Il en va ainsi de nombreuses entreprises locales. Le bocage du Choletais en est rempli. Ça ne se voit pas, ça ne s'entend pas, ça se sent à peine, pourtant la région de Cholet et des Herbiers (à 25 kilomètres de là, côté vendéen) forme un seul et même bassin industrieux d'un dynamisme exceptionnel.

Dans cette morne campagne de haies et de prés à vaches, on a d'abord tissé (le linge et les fameux mouchoirs) avant de fabriquer à façon. Une culture du travail a pris corps en même temps qu'un réel savoir-faire dans le domaine du textile, de la maroquinerie et de la chaussure. Aujourd'hui encore, chaque village ou presque compte un atelier de sous-traitants pour des marques grand public (Kickers, le groupe Zanier) ou prestigieuses (Longchamp, Vuitton, Dior, Agnès B, Yves Saint Laurent, Hermès, Balenciaga)… On travaille à façon à l'abri des regards, dans des bâtiments anonymes, sous des noms d'entreprises que personne ne connaît. L'usine à la campagne.

« C'est un territoire de faiseux, pas de diseux. Ici on travaille, on s'accroche, et si on se casse la figure, on s'entraide. On rebondit toujours », me confie le proviseur du lycée de la Mode de Cholet. J'ai pris la liberté d'aller visiter cet établissement pour voir comment la tradition des façonniers se perpétue. Tel un inspecteur du travail, je parcours les ateliers et les salles de classes aux côtés du directeur. Une étudiante coréenne rêve de haute couture chez YSL, une Orléanaise de lingerie, et deux Parisiennes de stylisme tous azimuts. Elles savent coudre, différencier une manche kimono d'une manche pagode, et se servir de l'énorme imprimante numérique, un outil technologique de pointe d'après ce que j'ai compris. Elles s'orienteront peut-être vers la mode, les arts plastiques, le linge de maison ou la sellerie automobile car le textile et la maroquinerie mènent à tout. Pour l'heure, elles travaillent dans une ambiance studieuse. Adèle tricote tout en travaillant sur son ordinateur. Marie et Valérie étudient des motifs sur des échantillons de tissu. Elles portent des pulls gris et n'arborent aucun bijou fantaisie – l'usine Pasquier apprécierait. À quoi ressemble la vie d'une *fashionista* dans une petite ville de province ? « On sort peu, on a beaucoup de travail. Le soir, on se reçoit entre nous, dans nos appartements. »

À leur décharge, les distractions sont réduites à Cholet. La ville dispose bien d'un Théâtre Saint-Louis flambant neuf, de boutiques franchisées et de quelques bars pour jeunes, mais cela ne fait pas le poids face à Nantes ou à Angers, les villes voisines. Le Puy du Fou, à vingt minutes de là, a récemment été élu meilleur parc de loisirs du monde, mais on ne peut tout de même pas passer ses week-ends à voir des bénévoles en sabots rejouer les guerres de Vendée au flambeau.

Reste le sport, et cette fois, Cholet se pose là. Le journal *L'Équipe* l'a élue « Ville la plus sportive de France » en 2014, et ce pour la troisième fois de son histoire – un record. Je mentirais en disant que j'ai vu plus de joggeurs ici qu'à Nice, Annecy ou Mourmelon. Cependant Cholet a son équipe de hockey sur glace, de basket et surtout un nombre incalculable d'associations sportives. Si pour une raison obscure vous aviez envie de faire du water-polo, du kung-fu, de l'haltérophilie, du twirling-bâton ou du shōrinji-kempō à Cholet, ce serait possible.

Les raisons de ce dynamisme entrepreneurial, sportif et associatif sont à chercher dans les profondeurs géographiques, ethnologiques et historiques du bocage[1] vendéen. Une hypothèse se dessine. « Le bocage est un territoire enclavé qui est un frein à la circulation des idées, mais il favorise aussi l'entraide et la solidarité du terroir », résume le directeur du lycée de la Mode. Ainsi expliquerait-on la remarquable résistance de la paysannerie vendéenne face aux armées révolutionnaires, voilà un peu plus de deux siècles. Après d'âpres combats dans les Mauges, au nord de Cholet, la ville fut mise à sac par les armées républicaines en 1793. « Il existe encore une certaine méfiance vis-à-vis de l'État, observe Éric Morin, le directeur du musée d'Art et d'Histoire. On a appris à se débrouiller sans Paris, on ne compte que sur soi-même en s'appuyant sur le réseau familial et local. Mais gardons-nous des généralités. Lorsqu'il a fallu relancer l'activité du tissage après les guerres de Vendée, les négociants et notables choletais ont fait appel à l'État, qui a aidé financièrement. N'oublions pas non plus le rôle de l'Église car nous sommes sur un territoire à forte tradition catholique. Ce sont les prêtres sociaux qui ont lancé ici l'industrie de la chaussure au XIXe siècle. »

Les Vendéens (Choletais inclus) sont-ils devenus tenaces et bosseurs à cause de la Révolution, ou l'étaient-ils avant ? On ne tranchera pas ici qui de

1. Paysage typique de l'ouest de la France, formé de prés enclos par des haies vives. Une terre de chemins creux et de taillis.

l'œuf ou de la poule, mais le bocage affiche une santé économique et morale qui surprend dans le paysage rural actuel[1]. Et tout cela sans le moindre éclat. On ne claironne pas ici sa réussite sociale ni même sa fierté vendéenne. On est comme ces petites maisons de tisserands alignées en rang, que l'on croise ici et là en centre-ville : modestes, ternes, presque invisibles à force de discrétion, et pourtant bien debout, faisant front.

Cholet a beau partager avec la « Vendée militaire[2] » le même héritage historique et la même vigueur économique, elle se pose en anti-Puy du Fou. Aucune exaltation royaliste à signaler, hormis ce tag aperçu sur la façade d'un ancien cinéma : « Vive le Roy ! À bas la République ! » En revanche, l'empreinte catholique est marquée. Trois églises se font concurrence : Saint-Pierre et sa statue de 850 kilos posée en haut du clocher comme sur un plongeoir ; le Sacré-Cœur à l'étrange style romano-byzantin, qui évoque de loin un Mont-Saint-Michel terrestre ; et Notre-Dame, la plus grosse avec ses deux clochers à crochets. Ces trois mastodontes du catholicisme triomphant écrasent de leurs masses les modestes habitats grisâtres de la ville. J'ai beau chercher de riches demeures de négociants, des palais de nababs du textile, je fais chou blanc. Le

1. Cholet affiche un taux de chômage parmi les plus faibles de France. Quand un magasin de Cholet ferme, on ne lit pas sur sa vitrine « bail à céder » comme partout ailleurs, mais « locaux disponibles ». C'est à ce genre de nuance que l'on sent la vitalité d'une région.

2. Région insurgée lors des guerres de Vendée, incluant le nord de la Vendée, le nord des Deux-Sèvres, le sud du Maine-et-Loire et le sud de la Loire-Atlantique.

plus bel édifice de Cholet se planque dans un recoin de la rue des Vieux-Greniers. C'est une étroite façade en granit avec tourelle et porte à fronton, mais les murs sont tagués, les carreaux cassés et des poubelles sont rangées devant. « Ici on s'intéresse peu à la sauvegarde du patrimoine. On a toujours préféré moderniser la ville pour répondre aux impératifs économiques », m'avait prévenu le conservateur du musée d'Art et d'Histoire. La propriétaire de ma maison d'hôte fait le même constat : « On a goudronné une ravissante ruelle pavée de granit rose, et on a rasé les arbres et le bassin de la place Travot pour faire moderne. Aujourd'hui c'est un grand espace vide. »

Heureusement, l'art contemporain est là. Par un heureux hasard, Cholet a enfanté l'un des pontes du courant minimaliste, un artiste reconnu internationalement, François Morellet. Ce dernier a fait cadeau à sa ville d'une de ses œuvres, peinte sur l'un des bâtiments des arcades Rougé : des lignes rouges sur fond gris. Personne n'y fait attention, ce qui est bien la preuve que l'œuvre est réussie : n'est-elle pas minimaliste ?

Le musée d'Art et d'Histoire est situé en contrebas du jardin du Mail, non loin de l'hôtel de ville au profil de machine à écrire. C'est un beau lieu, vaste et lumineux, qui se consacre à l'histoire des guerres vendéennes. Les visiteurs du Puy du Fou, baignant en pleine chouannerie, frissonnent devant les portraits des généraux au Sacré-Cœur. Mais le musée fait aussi la part belle à François Morellet et aux tenants de l'abstraction géométrique. On y voit des néons tordus et des cubes sans côtés, des sphères grillagées et des carrés décalés. On se promène dans un labyrinthe d'œuvres comme dans un train fantôme : il y a des glaces déformantes, des illusions d'optique, des salles obscures soudain illuminées de flashs. Dans sa sérigraphie *Répartition aléatoire de 40000 carrés*, François Morellet a peint 40000 carrés, la moitié en rouge, l'autre moitié en bleu, en suivant les chiffres pairs et impairs de l'annuaire du Maine-et-Loire. Cela ressemble à une nuée de pixels, et pourtant l'œuvre date de 1961. Pas besoin de culture savante pour apprécier cet art ludique, mais à force, la rétine finit par se fatiguer. Les figures géométriques dansent devant les yeux comme lorsqu'on passe trop de temps à loucher. Le malicieux Morellet revisite au néon les meules de Claude Monet et titre cela *Démonétisation n° 5*. Le propos reste assez anecdotique, mais au moins s'amuse-t-on plus que devant les Vierge en prière du XVIIe siècle ou les Christ en croix de l'école allemande du XVIe siècle.

François Morellet est un jeune homme de 90 ans d'une nature fantasque, paraît-il. Il réside toujours à Cholet. Hélas, la rencontre ne peut pas se faire. « Si vous voulez rencontrer des originaux, je connais des châtelaines qui valent le détour », me console mon hôtesse au petit déjeuner. C'est à trois lieues d'ici, comme on disait à une certaine époque, et c'est justement à cette époque que nous sommes téléportés sitôt franchies les portes du château du Bois-de-Saint-Louis.

Cet ancien relais de chasse, qui domine un vaste domaine, est occupé par deux demoiselles et leur frère unique, des descendants du grand Colbert. Roselyne et Myriam de Romans, dont on voit les portraits en jeunes filles, étaient des beautés convoitées ; la troisième sœur, qui a quitté le château, avait des faux airs de Grace Kelly. À présent Roselyne court les prés après les poules et les moutons, et Myriam, chignon blanc et jupe à carreaux, s'occupe des visites guidées. Cette dernière a son franc-parler et des manières de châtelaine campagnarde, à la fois rude et prévenante. Son œil est vif, son débit rapide et sa voix tonitruante. Elle vous parle à l'oreille comme si vous étiez à l'autre bout du château et vous fichera à la porte si votre tête ne lui revient pas. Avec cette délicieuse virago, il faut filer doux.

Le spectacle étant devant moi, je me laisse guider de pièce en pièce. Le château a connu des jours meilleurs, mais les ancêtres de la famille ont laissé une formidable collection d'objets anciens. « Tenez, ce gros fusil, voyez comme il est lourd ! Il était destiné à l'empereur François-Joseph d'Autriche pour la chasse à l'ours, mais c'est mon grand-oncle, le baron de Vézins, qui l'utilisait pour chasser la caille ! Un sacré aventurier, celui-là ! Il a tiré sur des Massaï quand il était en Afrique : voyez les encoches sur sa Winchester. Mais ce sapristi de dandy a ruiné sa mère ! Dans la famille, nous avons aussi l'amiral d'Hector, qui a rapporté bien des choses de ses voyages, comme ce cabinet hollandais en marqueterie. » Des mouches mortes trônent sur les meubles, mais on ne sait où poser les yeux car tout ici est ancien, noble et authentique : épées, pistolets de duel, trophées de chasse, éventails chinois, vaisselle japonaise, bustes en marbre.

La demoiselle de Romans déplie un parchemin sur lequel figure le blason de la famille. L'ancêtre le plus lointain, un dominicain, fut le parrain du cinquième enfant de Saint Louis. Il fait un froid de canard, les pièces ne sont pas chauffées. Les miroirs sont piqués de taches noires et l'éclairage montre des signes de faiblesse. « Ah bah dame ! Que voulez-vous, tout ça c'est bien beau, mais ça ne fait pas vivre ! » s'écrie la châtelaine en montrant d'un geste le salon et la salle à manger. Pour entretenir leur château, les demoiselles de Romans accueillent de temps à autre des cars de retraités. Les aînés prennent leur goûter dans le lustre défraîchi de ce petit palais du bocage. C'est à regret que je quitte Mlle de Romans, d'autant que mon ouïe s'était habituée à son volume sonore. Je ne veux pas manquer le match de basket ce soir. « Ah ! Ils valent plus une taffe, ceux-là ! » tranche notre hôtesse. « Ben quoi ? Vous vous imaginiez que je n'étais pas au courant ? »

La châtelaine est bien informée. À huit journées de la fin, Cholet se traîne en queue de championnat. Classé 15e sur 18, le club reste sur une série de cinq défaites à domicile. L'ombre de la relégation plane dangereusement. Pas de quoi refroidir l'ardeur des supporters. À chaque rencontre, la salle de la Meilleraie (5 000 places) affiche complet. C'est un hangar chauffé à blanc que je découvre une demi-heure avant le match. Il y règne l'excitation d'un grand événement de famille. Les hommes boivent un coup de muscadet à la buvette, les dames gardent la place en tribune, un bébé dort à poings fermés malgré la sono assourdissante. Charalito, la mascotte du club, entre en piste. Fière ambassadrice du sponsor Charal, cette vachette en peluche nous rappelle que tout passe ici-bas : hier c'était Pitch, aujourd'hui Charalito, et demain ? Ainsi va la vie dans le cycle infini des sponsors qui tuent…

L'adversaire du soir, Rouen, porte un maillot bleu, la couleur des républicains lors des guerres de Vendée. Cholet arbore un maillot blanc (la couleur des royalistes) et rouge (comme le cœur vendéen). Les Bleus commencent pied au plancher, enquillant les paniers à trois points. Kevin Jones, second couteau de la NBA appelé en urgence, sauve les meubles pour Cholet. Le club compte cinq Américains, dont un Blanc tatoué de partout. À la mi-temps, les royalistes sont menés de huit points. Une énième défaite se profile. Le public siffle, tonne, gronde. Les fanfares s'époumonent. Le petit monsieur devant moi hurle à réveiller tout le bocage. Comme les demoiselles de Romans seraient heureuses ici !

Touchés dans leur orgueil, les joueurs choletais réagissent enfin. À la façon des chefs vendéens, ils opèrent par raids tranchants dans les lignes adverses. Paul Delaney III ose des percées magnifiques, Nick Minnerath enchaîne les claquettes, Jonathan Rousselle multiplie les tirs d'artillerie derrière la ligne des trois points. L'écart se resserre, la foule trépigne. Les Rouennais balbutient, Delaney se camoufle dans une futaie puis surgit du fossé pour porter l'estocade. Cholet l'emporte de cinq points dans une ambiance de liesse populaire. Qu'importe que les généraux vendéens soient des confédérés d'Amérique, la victoire des Blancs est belle.

À la sortie du vestiaire, les minots tendent leurs cahiers d'autographes. Parmi eux, un retraité. Fernand a eu les honneurs des gazettes locales : il collectionne les autographes de basketteurs depuis 1987. Ce soir, il lui manque celui d'un obscur remplaçant rouennais. Une jeune femme noire attend en retrait son fiancé. C'est Sasha, la compagne du flamboyant Paul Delaney III. Le voici justement qui arrive. Une question me taraude : à quoi peut bien ressembler le quotidien d'un géant noir américain dans une petite ville blanche des pays de Loire ? « On sort peu, on travaille beaucoup. Le soir, on se reçoit beaucoup entre nous, dans nos appartements », me répond le basketteur. Mot pour mot ce que m'ont dit les studieuses stylistes en herbe du lycée de la Mode.

Ne s'ennuie-t-il pas entre deux entraînements ? « On se balade dans le centre-ville ou au parc de Moine. On va faire du shopping à Nantes. On regarde la télé, on se commande des pizzas. C'est une vie calme. » Sasha ne parle pas un mot de français, mais elle porte le maillot de Cholet comme si c'était celui des Atlanta Hawks, sa ville d'origine. « Vous savez, avant Cholet, Paul jouait à Youjne, en Ukraine. » Youjne est un port industriel de la mer Noire, à peu près aussi riant que Tchernobyl en hiver. « Il y avait deux épiceries, deux restaurants, aucun McDo. Et l'insécurité… Je ne sortais pas. Ici les rues sont sûres, les gens avenants, on ne me regarde pas de haut en bas. Et la campagne est si verte ! » Paul et Sasha se sourient comme un couple heureux d'avoir choisi de rester à la maison plutôt que de sortir au théâtre.

La foule se disperse sur le parking de la Meilleraie. Telle une armée de l'ombre sûre de sa force, elle s'en va rejoindre le bocage. Là où tout a commencé et là où tout finit.

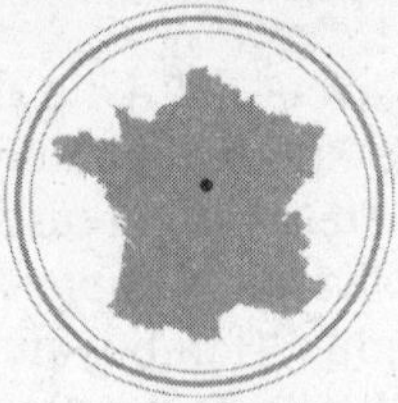

# VIERZON

## Berry, fais-moi peur

Parler de Vierzon, c'est retourner à la chanson de Brel vers laquelle, décidément, tout semble converger. *Vesoul* commence ainsi : « T'as voulu voir Vierzon et on a vu Vierzon / T'as voulu voir Vesoul et on a vu Vesoul ». Vous avez bien lu : Vierzon est citée avant Vesoul. Pourtant la chanson s'intitule *Vesoul*. Pareille injustice insupporte les Vierzonnais les plus susceptibles. « Pourquoi eux, et pas nous ? » Brel ne dit pourtant rien de plus sur Vesoul, Honfleur ou Anvers que sur Vierzon. Seulement voilà : du glorieux gosier flamand, le nom de Vierzon sort en premier, alors pourquoi déposer les lauriers de la gloire sur la tête de Vesoul, le n° 2 ? Hein, pourquoi ?

Rémy Beurion fait partie des exaspérés. À cause de Brel. À cause des tracteurs. À cause de tout un tas de choses qui concernent Vierzon et qui le préoccupent au plus haut point. Quand on tape Vierzon sur Internet, on finit tôt ou tard par tomber sur l'un des blogs qu'il consacre à la ville[1]. L'article sur lequel je tombai un

1. www.vierzonitude.fr est le principal.

jour par hasard m'arrêta net. Une diatribe magnifique. Le titre déchirait le silence comme un cri : « Vierzon n'aime pas ses tracteurs, heureusement qu'il y a les Bretons. » Je ne résiste pas au plaisir de vous en livrer les passages les plus flamboyants. Pour mieux en savourer le sens, il me faut toutefois vous rappeler (car vous l'aviez sans doute oublié) que Vierzon fut un centre important de production de tracteurs :

« Plusieurs centaines de Bretons pour accueillir Daniel Donin de Rosière et son tracteur de Vierzon, une véritable ferveur autour de sa venue, de l'homme et de sa machine, un parcours de fou qui l'a mené de Troyes à Vierzon et de Vierzon à Plougras, à 20 kilomètres à l'heure. Des embrassades, des gens en grappes sur la place pour le voir arriver. Et à Vierzon, à Vierzon, la honte. La honte cristallisée dans le silence et l'indifférence car cette ville, aveugle et sourde, sauf à sa propre idéologie qui nous mène à la ruine, à Vierzon, rien. (…) Vierzon n'aime pas ses tracteurs, son passé et son patrimoine. (…) Pourquoi des centaines de Bretons accueillent-ils un Troyen sur un tracteur de Vierzon et qu'à Vierzon, on n'est pas foutus de mettre ces tracteurs qui sont sortis des usines de la ville en valeur ? Même pas un ! (…) Qu'est-ce qui pousse les élus à refuser ce patrimoine-là ? Que veulent-ils faire de Vierzon ? Une annexe d'Hénin-Beaumont en 2020 ? Un vaste musée de la misère sociale ? Des luttes passéistes ? Un musée des idéologies stériles ? Leur laboratoire, leur bastion pour y prospérer politiquement pendant que la ville s'enfonce dans une pauvreté entretenue ? L'image que renvoie cette ville de son patrimoine est à l'aune de l'image entière de Vierzon qui, en quelques années, a subi en accéléré une dégradation tant physique que philosophique. Nous sommes la honte incarnée d'une ville qui refuse son passé précieux. Mais qui est incapable de se créer un avenir, sauf à tendre la main pour avoir de l'argent pour des projets sans queue ni tête. Des centaines de Bretons pour accueillir un tracteur de Vierzon. Et nous à Vierzon on fait quoi ? Rien… Ah si, on détruit. »

Qu'un simple tracteur suscite une telle ire, qu'une sous-préfecture puisse inspirer tant de haine et d'amour à la fois, voilà qui interpelle. Je ne savais que penser. Qui était ce blogueur furax ? Quelle sorte de vie pouvait-il bien mener pour s'emporter à ce point sur un sujet, disons, secondaire ? Quelle était cette âme pure, vierzonnaise à n'en pas douter, capable de risquer l'apoplexie pour défendre l'honneur du vieux matériel agricole berrichon ? Il me fallait rencontrer ce procureur magnifique. Chez lui, à Vierzon. Et découvrir cette ville où Brel n'a probablement jamais mis les pieds.

Vierzon (Cher) est une petite ville de 27 000 âmes située aux portes de la Sologne et de la Champagne berrichonne. Rester de tout est le propre des paillassons, mais on ne s'est pas toujours essuyé les pieds sur Vierzon. La ville a eu son âge d'or entre la Révolution industrielle et les Trente Glorieuses. On y fabriquait de la verrerie, de la porcelaine et des machines agricoles (le fameux tracteur de Vierzon). La culture ouvrière a forgé l'âme de cette petite ville industrieuse, qui continue de voter communiste vaille que vaille – comment en serait-il autrement quand des générations de Vierzonnais sont nés à la maternité de la rue Karl-Marx ?

Vierzon est également un carrefour des plus importants – « on est au milieu de tout », assure Rémy Beurion. La ligne de chemin de fer Paris-Toulouse y croise la transversale Lyon-Nantes, ce qui fit longtemps de la gare de triage de Vierzon l'une des plus grandes de France. La ville est aussi un nœud autoroutier puisque l'A71 y croise l'A20 et l'A85. Avant l'autoroute, il fallait traverser Vierzon pour aller de Paris jusqu'en Espagne. Des générations de vacanciers se souviennent d'embouteillages monstres en centre-ville. Tout cela, l'industrie et les pots d'échappement, n'a pas laissé l'image d'une ville riante, mais enfin Vierzon vivait. On y dénombrait 158 bistrots en 1950, des cabarets et des guinguettes. Et si les touristes n'étaient pas contents, ma foi ils pouvaient toujours aller à Bourges, en Sologne ou à Chambord, et c'est d'ailleurs ce qu'ils font encore.

Évidemment, les industries sont parties les unes après les autres, laissant la ville pantelante. Visiter une petite ville à l'agonie n'est pas une partie de plaisir, aussi décidai-je, avant de m'atteler à la tâche, de faire un tour dans la jolie forêt de Sologne. Je dis « jolie », mais de ma voiture je n'ai guère vu que des pins, des pins et encore des pins, des pins à n'en plus finir jusqu'à ce qu'une apparition m'arrête soudain. Une sorte de base spatiale occupait le centre d'une vaste clairière. Un gigantesque mur de grillages blancs, légèrement incurvé, faisait face à un autre mur du même type, mais droit, plus petit et légèrement tourné vers le ciel. Entre les deux, une lande rase. Et pas âme qui vive. Je venais de tomber sur l'un des plus grands télescopes du monde, celui de Nançay. Les deux miroirs grillagés reçoivent les ondes radio émises par les astres lointains. Ils permettent ainsi d'étudier la vie des galaxies, des pulsars et des comètes. Et de nous confirmer que l'Univers est bien en expansion, ce qui n'est pas le cas de Vierzon où je finis par arriver, quelques pinèdes plus loin.

L'Arche Hôtel est une verrue de béton située en plein centre-ville, à la confluence de l'Yèvre et du canal de Berry. La décoration intérieure est un hymne aux États-Unis. Le hall, la salle du petit déjeuner, les couloirs sont placardés d'affiches de vieux films hollywoodiens, de plaques émaillées de marques américaines, de photos d'acteurs. Il y a un James Dean et une Marilyn en carton, un cheval de manège, une batterie, des projecteurs de cinéma. Une immense Cadillac patiente dans le parking. Dans ce drôle d'hôtel, à mi-chemin entre le *diner* et le Planet Hollywood, le VRP peut se croire sur la route 66, quelque part entre Los Angeles et Romorantin-Lanthenay. Ma chambre, la 302, a une vue imprenable sur la ville et le canal du Berry.

Je rejoins aussitôt les berges de l'Yèvre et découvre un charmant square posé sur un îlot. Autour du monument aux morts pacifiste de style Arts déco, je trouve des bancs ombragés et du silence, des arbres et des pelouses fleuries, des bras d'eau un peu partout et des passerelles pour les enjamber. Le Cher coule en aval. Je connais des villes qui se bombarderaient « petite Venise du Berry » pour moins que ça. Sur la berge d'en face, le joli clocher de l'église Notre-Dame domine un ensemble de maisons dont les jardins tombent en pente douce dans l'eau. Ravissant.

Passé le petit auditorium du square, Arts déco lui aussi avec sa fosse d'orchestre, je grimpe jusqu'au vieux centre par une ruelle pavée. Des maisons à pans de bois, une belle église en pierre dorée et, tout en haut d'une butte verdoyante, un panorama sur la ville. Je rejoins le beffroi tout en évitant soigneusement le musée municipal des Fours banaux qu'il abrite en son sein. Encore des maisons à colombages et des cours pavées. Ce n'est pas le pittoresque du Bourges médiéval, mais tout de même. Vierzon n'a rien de la sinistre ville en déshérence industrielle que j'attendais. Je suis déçu en bien, comme on dit en Suisse.

Les choses se gâtent dans la rue Joffre, artère piétonne et commerçante qui a perdu une bonne partie de ses commerces, et donc de ses piétons. Des haut-parleurs diffusent la bande FM sur la place Vaillant-Couturier désertée. Je me réfugie dans un magasin de pêche et chasse. « Avant, la place était entourée de commerces : bouchers, épiciers, marchands de meubles, me dit le patron. Nous étions une douzaine à vendre des articles de pêche en ville. Aujourd'hui je suis le seul. L'ambiance est morose, les boîtes ne tournent plus. Les commerces sont partis en sortie de ville, mais ça ne marche pas là-bas non plus. » En redescendant la rue Joffre, le défilé des vitrines vides sape un peu plus le moral. Des gamins traînent devant un salon de coiffure et crachent par terre. En habitués, ils commentent leurs coupes de footballeurs, rasés sur les côtés avec une mèche longue gominée. Deux femmes voilées descendent la rue en silence. Les façades sont ternes et banales. *Touch me like you do*, crachote la sono municipale à la population oisive de ce mercredi après-midi. Il y a quelque chose de grotesque, mais aussi de totalitaire (je n'ose pas dire « de communiste ») à imposer la même soupe musicale à toute une ville qui n'a rien demandé. Chacun est prié d'encaisser Rihanna et ses avatars sans broncher. Vous pouvez avoir perdu votre mère, votre emploi ou votre amour, il vous faut traverser la journée sur fond de R'nB minable, dans une ambiance de fête à neuneu. Las Vegas ou Miami ont été conçues pour ça, pas Vierzon. N'en déplaise à l'Arche Hôtel, les States ne sont pas le Berry.

Si l'on devait à tout prix faire un parallèle entre Vierzon et une ville américaine, il faudrait plutôt évoquer Detroit, Michigan. Comme la capitale mondiale de l'automobile, Vierzon a connu la gloire et la prospérité grâce aux moteurs. Pas des moteurs de Ford ni de Chrysler, mais de tracteurs. C'était avant que John Deere, n° 1 mondial du matériel agricole, n'envahisse le monde – Berry inclus – avec ses tracteurs, ses moissonneuses-batteuses, ses ensileuses et ses tondeuses à gazon.

La ville a conservé un témoin grandiose de l'apogée du tracteur : la grande halle de fonderie de l'ancienne Société française de Vierzon. Communément appelé usine B3, ce majestueux bâtiment en brique coiffé d'une verrière est une cathédrale industrielle… sans fidèles. Les derniers ouvriers sont partis en 1995. En 1957, « la Française » employait encore 1 740 personnes et une foule de sous-traitants. C'est d'ici que sortait le Vierzon, tracteur robuste, simple d'utilisation et peu onéreux. D'autres usines produisaient du matériel agricole, et même des voitures.

La tradition industrielle de Vierzon remonte en fait à l'installation de forges en 1779. Des manufactures de porcelaine et des verreries s'implantèrent au XIXe siècle. Le minerai était acheminé par le canal de Berry dès 1835, et la marchandise repartait par les trains de la ligne Paris-Orléans dès 1847. Lorsqu'un certain Célestin Gérard ouvrit son atelier de réparation de matériel agricole en face de la gare, il inaugura un siècle de prospérité industrielle pour la ville. Le grand homme, qui a son buste devant l'ancienne usine, est à l'origine de la première locomobile française.

Cette drôle de machine à vapeur permettait d'actionner les engins agricoles, comme les batteuses à grains. Cela ressemble à l'invention d'un savant fou, qui aurait fixé des roues sur un gros tuyau de poêle et placé des tuyaux au petit bonheur la chance. On peut en voir un exemplaire en face de l'usine B3, au musée de Vierzon, qui abrite une collection permanente d'objets fabriqués sur place. On y voit des services de porcelaine, des faïences Arts déco, des lampes en verre et des « bousillés », pièces en verre faites sur leur temps de pose par les ouvriers et non commercialisées. Des maquettes de gares et de petits trains rappellent l'histoire ferroviaire de la ville. Hébété, j'observe la reconstitution minutieuse de la rotonde de Montluçon. L'ennui me guette.

Somnolent, je tombe en arrêt devant des pièces de locomotive, qui sont autant de hiéroglyphes indéchiffrables. Quel Champollion du rail voudra un jour s'intéresser à un clapet antiretour de pompe à air, une tuyère d'injecteur, un robinet de purge, un graisseur à condensation ou un manomètre étalon ?

Arrive enfin la section des tracteurs. À force d'entendre parler du « fameux » tracteur de Vierzon, on a presque le cœur qui bat quand on le voit enfin, dans un coin du musée. Les tracteurs, disons-le, on s'en cogne pas mal. Mais il faut bien admettre que le « Vierzon » s'élève au-dessus de la mêlée. C'est un adorable petit tracteur vert bouteille aux lignes souples et arrondies. Avec ses roues jaunes cerclées de noir, on le croirait colorié par un enfant sage. Aussitôt, l'envie vous prend de sauter dessus et d'aller labourer un champ. Le Vierzon est ce trait d'union entre l'homme et sa terre, le soc de l'âme rurale de la France, le fil mystique entre l'au-dedans et l'au-delà, mais voilà que je m'égare… Je comprends mieux Rémy Beurion, le blogueur fou, le défenseur acharné du tracteur[1].

Nous avons justement rendez-vous le lendemain matin.

Dans le hall de l'Arche Hôtel, je découvre un homme dans la force de l'âge. Il porte le bouc et des anneaux aux oreilles. Il est journaliste au *Berry républicain* à Bourges, mais il vit à Vierzon. Nous ne sommes pas assis depuis trente secondes que nous parlons déjà tracteurs. Rémy a fondé l'association des Fous du Vierzon, autant dire que je bois du petit-lait. « Le Vierzon, c'est d'abord un son. Comme il était long à démarrer, on ne l'éteignait pas à midi. Des générations d'agriculteurs ont grandi avec ce bruit typique du moteur qui va pour s'éteindre et qui repart *in extremis*. Comme un cœur qui bat de manière irrégulière. Au-delà du cambouis et de la graisse, il y a de la poésie là-dedans. Lorsque j'ai organisé un grand rassemblement de tracteurs en 2010, j'ai vu des vieux pleurer au son des Vierzon. Nous défilions dans la rue, les gens aux fenêtres nous acclamaient. J'en avais la chair de poule. Il faut que j'enregistre le son du Vierzon et que je le sorte en CD. »

1. En 2016, le musée de Vierzon devrait aller vers une meilleure représentation du machinisme agricole. Je le sais des plus hautes instances. Davantage de tracteurs, voilà qui va dans le bon sens.

Avec une délégation de Vierzonnais amateurs de Brel, Rémy Beurion a relié en tracteur Vierzon à Vesoul, à Honfleur (« deux jours de route à 25 km/h ! ») et même à Anvers pour planter le lilas de Madeleine (« en fait, c'était Anverse de l'Yonne, dans le Morvan, car Anvers en Belgique, c'était trop loin »). Brel, parlons-en. Vierzon s'est sentie blessée par le petit air sardonique que prend le chanteur dans la chanson. « Là-bas, à Vesoul, ils ont bien mieux réagi. Ils ont baptisé un collège, une place et un festival du nom du chanteur. C'est ça qui m'énerve ici. On a les tracteurs, on a Brel, un potentiel énorme. On n'a qu'à se baisser pour remettre ça en valeur, mais on ne fait rien. On préfère créer des choses artificielles, sans rapport avec la ville. Comme ce nouveau bowling dans l'usine B3. »

Mon hôte se lève, nous avons un programme chargé. Rémy m'a concocté une visite bien à lui et j'ai décidé de le suivre les yeux fermés. Nous nous rendons d'abord devant des fours à globe, deux bâtiments à demi écroulés près de l'usine B3. On y cuisait la porcelaine, comme le rappellent les fours et les cheminées encore debout. Plus bas, un grand entrepôt fermé à clé abrite la collection de l'association Mémoire industrielle et agricole du pays de Vierzon. « Il y a quarante tracteurs là-dedans », me lance Rémy d'un air concupiscent. Nous photographions de vieilles machines agricoles qui rouillent à l'extérieur, comme de gros insectes oubliés. Le plus désespéré des brocanteurs ne saurait que faire de ces tas de ferraille, mais un marchand d'art contemporain pourrait aisément les faire passer pour des sculptures de Jean Tinguely.

Dans la rue, nous croisons un homme inquiétant, vêtu de noir, dont le haut du crâne est étrangement épilé. « C'est le Batman de Vierzon, me glisse Rémy.

Tout le monde le connaît ici, c'est le plus grand fan de Batman en France. Il se déguise et poste ses vidéos sur le Net. Il est passé plusieurs fois à la télé. »

Des girouettes en forme de tracteur coiffent l'ancienne demeure de Célestin Gérard, le pionnier du machinisme agricole. Je reconnais le restaurant où j'ai copieusement gueuletonné la veille au soir. Rémy m'emmène ensuite sur le pont de Toulouse, qu'il trouve hideusement bariolé mais d'où l'on aperçoit le chapiteau du National Palace, cabaret music-hall à la façon du Lido, et les hauts murs du lycée technique Henri-Brisson, qui forme aux métiers de l'industrie depuis 1881. « Jules Ferry l'a inauguré, ce fut la première école nationale professionnelle de France, quand même. »

Quand il s'agit de sa ville, Rémy est calé. J'apprends que Vierzon est née de la réunion de quatre communes en 1937. « Le premier maire, Georges Rousseau, a été déporté en Allemagne et a été réélu maire avant même son retour des camps, en 1945. Il était communiste. Il a eu de nombreux successeurs. L'un deux défilait dans la rue avec les ouvriers à la fin des années 1970. » Au même instant, au tournant d'une rue, des drapeaux rouges s'agitent sous nos nez ! Les forces rouges de Vierzon manifestent contre la loi Macron. Un vieux cégétiste a les traits d'anarchiste russe de Laurent Terzieff dans *Germinal*. Il fait grand beau temps. Les bataillons de la CGT et de Force ouvrière s'ébranlent vers le pont Voltaire sur fond de Cali. « C'est quand le bonheur ? » répète le chanteur, et l'on se dit que le bonheur, pour un syndicaliste du Cher, c'est peut-être d'agiter un drapeau en entonnant des chants révolutionnaires avec ses copains, au-dessus du canal de Berry.

Nous sommes à présent au café Chez Rachel. Avec son comptoir rétro et ses tables en formica, c'est le plus vintage des vieux zincs de Vierzon. L'Âne qui renifle, le café du Pouriau, le café du Carnaval, le Bazile-Bar, l'Olympic, la Grenouille, le Poisson Frit ont tous disparu. « C'étaient des cafés corporatistes : les jardiniers du quartier de l'Abricot se retrouvaient au Pouriau, les cheminots au café du Dépôt ou au café des Gueules noires, les pêcheurs au Goujon qui tête. Au Torchon sale, il n'était pas rare de trouver un moucheron mort au fond de son verre. Au Penalty, on surnommait la patronne "la poilue". Souvent, les cafés se trouvaient dans la maison même des propriétaires. »

La pilosité de Rachel est irréprochable. Son café est installé sur l'ancienne ligne de démarcation, qui coupait Vierzon en deux. Passer le pont sur le Cher pour aller chez Rachel, c'était quitter la zone occupée pour rejoindre la zone libre. Les anecdotes de passages clandestins ne manquent pas. Lors des enterrements au cimetière de Bourgneuf, en zone libre, le cortège qui suivait le corbillard était toujours plus étoffé à l'aller qu'au retour. Les ouvriers qui retapaient le pont avaient, eux aussi, mystérieusement tendance à s'égayer dans la nature. Tout comme les clients d'un bistrot coupé en deux par la ligne, désormais disparu. Ou comme les patients du docteur Cliquet, qui faisait franchir la ligne de démarcation aux prisonniers évadés, aux agents de services de renseignements ou aux forces alliées : la frontière passait au bout de son jardin.

Un pilier de bar se retourne vers nous, il écoutait d'une oreille. « Moi je suis né en 1943, le jour où ils ont bombardé la gare de triage. Mon père débardait du bois en charrette. Comme il avait un laissez-passer pour aller et venir sur le pont, il planquait des clandestins dans son tas de bois. Z'étaient pas bien futés, les Allemands… » Le client se prénomme Jacques. Il se souvient des jardins ouvriers « bordurés d'assiettes de porcelaine » venues des manufactures, et des « cabanes de jardin peintes du même vert que les tracteurs de Vierzon ». Je l'écoute avec avidité, ce cher Vierzonnais, mais Rémy me fait signe qu'il nous faut y aller. Nous repartons.

Dans le quartier des Forges, notre virée bascule dans l'errance postindustrielle. Nous zonons d'usines en entrepôts. Mon guide aime la beauté torturée des vieux pans de béton noyés dans les ronces. Nous nous extasions donc devant une usine EDF désaffectée non loin du canal du Berry. Nous écoutons le doux grésillement des lignes à haute tension dans l'ancienne gare d'eau du canal, désormais taguée et abandonnée.

« À partir de maintenant, tu vas comprendre pourquoi les Français n'aimaient pas Vierzon. » Nous remontons la N76, qui relie Bourges à Tours. Celle-ci croisait la N20 (la route d'Espagne) en plein centre-ville. Pauvres familles sur la route des vacances ! Elles croyaient traverser le bourg d'une traite, elles s'y éternisaient dans d'interminables ralentissements. En approchant du maudit carrefour, les routes s'étrécissent. « On étouffait dans ce goulet d'étranglement. Jusqu'à 2000 poids lourds se croisaient chaque jour dans les deux sens. Les façades étaient noires de crasse, les gens se prenaient des rétroviseurs dans la figure », ajoute Rémy. C'était la belle époque. Désormais les autoroutes contournent soigneusement Vierzon, qui s'ennuie.

Nous filons à l'ancienne gare de triage, à présent désaffectée. Je sais désormais que deux voies ferrées importantes s'y croisaient : celle du Paris-Toulouse et celle du Lyon-Nantes. Je sais même qu'on y trouvait des tuyères d'injecteur et des graisseurs à condensation. De là à y traîner… Le spectacle vaut pourtant le détour. Au bout de la rue de Fay, au sommet d'un talus, l'horizon s'ouvre démesurément au-dessus d'un vaste champ de rails rouillés, longs serpents de fer s'entrelaçant et se séparant au gré des postes d'aiguillage. Les caténaires dessinent des lignes de fuite dont on ne voit pas le bout. Des wagons-citernes sont immobilisés en file indienne. Ont-ils jamais roulé ?

Le soleil chauffe le ballast dans une odeur de cambouis. Nous errons dans ce no man's land, fascinés par les traverses noircies et crevassées, les leviers figés dans le temps, les postes d'aiguillage ouverts aux quatre vents et le ciel immense. Tout un univers de gare du bout du monde, à deux heures de Paris. Et dire que des écrivains embarquent sur le Transsibérien…

Nous traversons encore un quartier, champêtre cette fois-ci, et c'est presque une surprise de voir des potagers et des pêcheurs taquiner le goujon au bord de l'eau.

La mission de Rémy touche à sa fin. Il m'a tout dit, tout montré. À moi désormais de répandre la bonne parole. Nous nous garons et je l'écoute une dernière fois rouspéter contre l'argent dépensé dans le parc technologique de Sologne, contre la spirale des commerces qui ferment, contre les trottoirs mal entretenus et les fils électriques qu'il faudrait enterrer, contre l'office de tourisme transformé en épicerie du terroir, contre surtout le manque d'imagination des édiles.

« Vierzon vivote comme tant de villes moyennes. Plus rien ne nous tire vers le haut. Nous sommes dans la survie. La seule issue serait que je sois maire ! » plaisante-t-il.

On aimerait le prendre au mot car il ne manque pas de projets pour sa ville : « Ouvrir un vrai musée national du Machinisme agricole, organiser des visites guidées de Vierzon sur les pas de Jacques Brel (qui n'y est jamais venu !), créer de nouvelles filières au lycée Henri-Brisson, repeindre le pont de Toulouse, rebaptiser les quartiers comme avant la réunification de 1937, relancer la porcelaine et créer une fête annuelle du tracteur, baisser les impôts, décréter Vierzon “ville la plus drôle du monde” et créer un musée du Bowling… à côté du bowling. » Rémy Beurion est imaginatif, fier de sa ville et taquin. Il ferait un bon maire avec ses anneaux aux oreilles et ses projets mi-farfelus, mi-sérieux. Seulement voilà, il n'a pas sa carte au PCF. Tout le monde n'a pas la chance d'être communiste.

Il est temps de rentrer par les forêts de Sologne. Quitter Vierzon, c'est dire adieu aux tracteurs verts et aux syndicalistes rouges, au fantôme de Brel et au double de Batman, au canal de Berry et aux rails oubliés, au corbillard clandestin et aux télescopes géants, aux pêcheurs de goujons et à Rémy Beurion, ce drôle d'ambassadeur berrichon, le seul qui soit capable de donner un sens à tout cela.

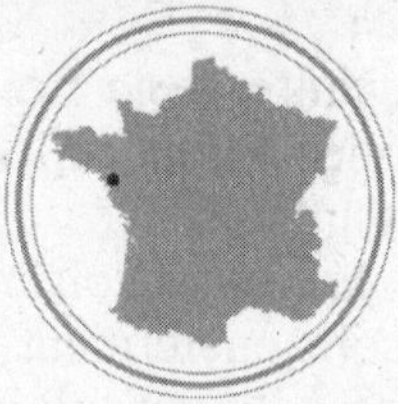

# SAINT-NAZAIRE

## Cloué au port

Tout le monde aime la mer.

Tout le monde aime la mer aussi sûrement que tout le monde aime la couleur bleue ou le chocolat. Il faut une sacrée dose de mauvaise foi pour nier l'exaltation que procurent le jeu des vagues s'échouant sur la plage et le parfum iodé du vent. La douceur du sable sous les pieds et le cri des mouettes. La pêche au crabe et les plateaux de fruits de mer. Ce n'est pas pour rien que des millions de vacanciers se massent chaque été sur le littoral français. De la Côte d'Azur à la Côte d'Opale, des millions de gens en maillot de bain sur une mince bande de sable et de galets. Une longue farandole criarde et bariolée, toute luisante de crème solaire. Sur ce long ruban, rares sont les zones grises. Celles qui ne sont pas synonymes de vacances, de rires et d'éclaboussures, de dépaysement joyeux. Celles où l'on n'aurait pas l'idée de se baigner ni de respirer l'air marin.

Saint-Nazaire en fait partie. Ce port industriel rasé lors de la Seconde Guerre mondiale se traîne une vilaine réputation. On le considère comme une verrue entre Nantes et La Baule. Un furoncle de béton à cheval sur l'embouchure de la Loire et la côte océanique. Une dent cariée sur le joli sourire du département de la Loire-Atlantique.

Saint-Nazaire... La bourgeoisie nantaise et parisienne y passe encore en fermant les yeux avant de rejoindre ses belles villas bauloises. Les chantiers navals y fabriquent toujours de grands paquebots qui, sitôt terminés, prennent la poudre d'escampette pour croiser sous des cieux plus cléments, dans des eaux plus pures. Les ingrats... Certes « Saint-Naze » n'est pas le seul vilain petit canard du littoral français. Il y a bien Brest et Le Havre, elles aussi bombardées en 1939-1945. Mais la Bretonne a pour elle une rade splendide et une atmosphère finistérienne unique qui en font la terre chérie de quelques mordus. Quant à la Normande, son classement au patrimoine mondial de l'Unesco en 2005 l'a subitement propulsée au sommet des « destinations week-end » des magazines, tel le laideron de la classe devenu, en une saison, un prix de beauté.

Seule Saint-Nazaire reste sur le carreau. À faire tapisserie. Faisons-la danser un peu.

Accéder à un port en bateau est la moindre des choses, mais aucun ferry ne s'arrête jamais à Saint-Nazaire et je n'allais tout de même pas sauter dans un cargo à Hambourg pour le simple plaisir d'arriver par la mer. Va donc pour la Loire. Une croisière au départ de Nantes, baptisée le « parcours pérenne Estuaire », propose de remonter le fleuve jusqu'à son embouchure à la découverte d'œuvres d'art réalisées *in situ*, le long des 60 kilomètres de berge. Je ne goûte guère les installations d'art, mais il faut reconnaître que, sans elles, cette lente remontée de la Loire ressemblerait à une séance d'hypnose. Rester éveillé face au défilé des rives est une prouesse, surtout si l'on ajoute le doux ronron des commentaires murmurés au micro sur l'avifaune des étiers ou la formation des îlots sableux.

Que voit-on, donc ? Un pendule géant ; de faux ours et de faux singes dans un peuplier ; une maison inondée incroyablement posée au milieu du fleuve ; un bateau mou comme une horloge de Dalí cherchant à passer une écluse ; un pavillon coiffant une cheminée d'usine… Présences incongrues, drôles ou poétiques, plaquées sur un paysage avec lequel elles n'ont rien à voir. « Le merveilleux au cœur de l'ordinaire », résume le commentaire. Pas de quoi casser trois pattes à un tadorne de Belon (qui vit dans l'estuaire), mais au moins ça distrait. La preuve, le pont de Saint-Nazaire se dessine déjà au loin.

Au fur et à mesure que l'on progresse, le fleuve s'élargit et la présence de l'industrie se fait plus dense, plus lourde. Torchères de la raffinerie de Donges, usine de biocarburants, terminaux à la queue leu leu (pétrolier, charbonnier, méthanier, à containers et rouliers), usine Airbus… Une foule de grues et de bras métalliques, de silos et de cheminées nous font une haie d'honneur jusqu'à la ligne d'arrivée, signalée par le grand portique rouge et blanc du pont de Saint-Nazaire. Les eaux limoneuses de la Loire se mêlent à celles de l'Atlantique dans un grand potage glauque que sillonnent des barges charbonnières et des céréaliers. Bientôt nous virons à tribord (à droite, quoi) et longeons les chantiers navals, que domine l'imposante masse d'un paquebot en construction.

C'est en arrivant au port que je comprends qu'il ne tiendra pas ses promesses. Une poignée de voiliers et quasiment aucune flottille de pêche. L'activité portuaire s'est en fait déplacée du côté de l'estuaire. Les pétroliers et les grumiers, les porte-containers et les fruitiers, les rouliers et les méthaniers chargent et déchargent aux terminaux que nous venons de passer en bateau. Adieu bois tropicaux et cargaisons d'ananas, adieu la corne d'abondance des marchandises que l'on sort des soutes des navires, adieu ! Le port du centre-ville où j'accoste se réduit à deux bassins communiquant l'un avec l'autre par un jeu d'écluses. Le trafic y est moindre. Le bassin de flotte a l'air de s'ennuyer un peu. J'avise un pont levant, un blockhaus, des silos et des entrepôts, et des grues au loin, du côté des chantiers navals.

Mon hôtel est situé face au blockhaus, qui s'avère en fait être l'ancienne base sous-marine construite par les Allemands dès 1941. Ce fichu sarcophage nazi a réussi à couper la ville de son port. Après-guerre, Saint-Nazaire s'est reconstruite en lui tournant le dos.

La municipalité, qui rêve désormais de créer « une ville à la mer », doit composer avec cette masse brute en béton armé. Elle est en train d'y parvenir puisque la base sous-marine accueille désormais Escal'Atlantic, un espace de visite sur l'histoire des paquebots transatlantiques. L'endroit est remarquablement conçu. Tout a été pensé pour donner l'illusion de se trouver à bord du *France* ou du *Normandie*, deux paquebots nés sur les chantiers navals nazairiens. On déambule le long de coursives, on se faufile dans la chaudière, on se tient au bastingage arrière pour regarder passer des icebergs sur un grand écran, on monte à bord d'une chaloupe en guise d'ascenseur. Un bassin de l'ancienne base allemande sert de décor à ce Titanicland français. À la boutique de souvenirs, une vitrine propose d'authentiques pièces d'argenterie du *Normandie*. 600 euros la légumière, 450 euros le seau à glace, 800 euros la cafetière. J'achète des caramels au beurre salé de Guérande.

Pour que rien ne reste de la bête immonde, le vaste toit de la base nazie a également été reconverti. Le jardinier paysagiste Gilles Clément a imaginé d'en végétaliser les dalles bétonnées. Une passerelle permet d'observer d'en haut une végétation de graminées et de touffes d'herbe ; des trembles ont été plantés dans le béton. Bof. Un peu plus loin, devant l'étrange géode blanche du radôme (un ancien radar de l'Otan mystérieusement échoué ici en 2007), une fosse accueille des espèces amenées par le vent et les oiseaux. Dame Nature ne s'est pas foulée : végétation rabougrie d'aire d'autoroute, espèces tristes et maigrichonnes en dépit de la poésie des noms inscrits sur leurs étiquettes (« nombril de venus », « arabette des dames », « cotonnière naine », « folle avoine »).

On voit le but visé par le Tiers-Jardin : laisser la nature reconquérir un lieu stérilisé par l'homme, susciter la surprise en mariant le végétal au béton. Mais à ce train-là, les pissenlits malingres qui craquellent les trottoirs du quartier du Petit-Maroc[1], où je promène mon agacement quelques instants plus tard, sont aussi un jardin paysager. Et les mousses cramées par le soleil qui courent sur le sol, si banales qu'on ne les remarque même pas, sont un « fragment indécidé du Jardin planétaire », pour reprendre la vulgate paysagiériste. Heureusement le toit offre un beau panorama sur le port.

1. Quartier nommé ainsi en référence aux pêcheurs bretons qui partaient vers les côtes du Maroc.

La base sous-marine accueille encore le LiFE, un bel espace d'exposition temporaire. J'entre. Dans une pénombre inquiétante, des images de bande dessinée sont projetées sur des écrans chiffonnés. L'artiste, m'explique un médiateur, « joue sur la matérialité même de l'ouvrage » et propose « une expérience immersive dans l'univers graphique ». Je suis censé me laisser porter jusqu'à « [m']égarer de questions en non-réponses ». De la haute voltige métaphysique. Un groupe scolaire m'accompagne. Les enfants sont déçus : les dessins sont trop énigmatiques et il n'y a pas de couleurs. Leur concentration s'effiloche. Deux adultes essaient de les intéresser à « l'infinité des possibles ». Peine perdue. En plus c'est l'heure du pique-nique. Je parie qu'on va emmener les enfants sur le toit de la base. Manger des chips sur du béton, devant les mauvaises herbes du Tiers-Jardin.

L'art et ses avatars (architecture, paysagisme) ne s'arrêtent pas à la base sous-marine, ils gangrènent tout le port. C'est une phrase de Yann Kersalé affichée en gros au-dessus du pont levant (« Vaguer la nuit dans des lumières narratives »). Ce sont les anamorphoses de Felice Varini, figures géométriques rouges peintes sur les bâtiments du port, qui forment une série de pics lorsqu'on les regarde à un endroit précis. C'est encore l'ancienne gare ferroviaire transformée en théâtre archimoderne, ou un ancien embarcadère joliment détourné en monument pour l'abolition de l'esclavage[1]. Toutes ces interventions ne sont pas laides

1. Saint-Nazaire n'a pourtant jamais été un port négrier, au contraire de Nantes ou de son avant-port Paimbœuf. Et pour cause : elle n'a été créée qu'en 1856, dans le but d'accueillir les navires de

ni vides de sens, mais nous sommes dans un port, que diable, pas dans une galerie d'art contemporain ! Assez des artistes, où sont les marins ?

Je m'éloigne du bassin de flotte et déambule le long des quais. Des bouées titanesques parmi les herbes folles d'un terrain vague. Une bigue (grue de levage) aux reflets métalliques sur des rails rouillés. Une drague attendant qu'une gigantesque écluse se remplisse. Des entrepôts aux murs aveugles… Le ciel se couvre de nuages gris béton. Cette fois tout est raccord. Un vrai décor de polar. Je me fais l'effet d'un privé rôdant sur les pas d'un marlou au passé sombre.

Je tombe bientôt sur le *Vladivostok* et son jumeau, le *Sebastopol*. Leurs noms sont inscrits en cyrillique sur leurs coques grises de bateaux militaires. Ces deux BPC (bâtiments de projection et de commandement) porte-hélicoptères ont été commandés à la France par la Russie avant la crise ukrainienne. À présent la France ne veut plus les livrer à l'ogre russe. Alors les deux mastodontes restent à quai pour une durée indéterminée. On dirait deux jouets tout neufs abandonnés par un petit garçon capricieux. Deux pions au point mort sur l'échiquier mondial de la géopolitique[1].

Mon errance m'amène devant les grilles du chantier naval. Le plus grand paquebot du monde, *Harmony of the Seas*, est en construction. 2500 ouvriers s'y affairent, je l'ai lu dans la presse locale. J'ai aussi relevé les chiffres de sa démesure : 362 mètres de long,

---

grands tonnages qui ne pouvaient plus remonter la Loire, trop ensablée, jusqu'à Nantes.

1. L'Égypte a finalement acheté les deux navires en septembre 2015.

47 mètres de large, 72 mètres de haut. Dix fois le poids de la tour Eiffel. Ses dix-huit ponts pourront accueillir 6360 passagers et 2300 membres d'équipage. Et pour occuper tout ce petit monde : vingt restaurants, dix bars, deux piscines, une patinoire, un théâtre, un casino, un parc végétal et des boutiques à gogo. J'entre sur un parking pour apercevoir d'un peu plus près le monstre, tout caparaçonné d'échafaudages.

Un attroupement au bout du parking et une noria de bus m'indiquent un événement spécial. J'apprends qu'on fait visiter le paquebot aux salariés du chantier, aux sous-traitants et à leurs familles. Rendossant ma gabardine de privé, je parviens à m'infiltrer dans la foule des privilégiés. Un bus nous emmène au pied du mastodonte en cale sèche. Demain il sera mis à l'eau. Je suis abasourdi : comment peut-on laisser un navire si gros prendre la mer et s'étonner après de l'élévation du niveau des océans ? Que l'on ne me dise pas que cette montagne va flotter !

L'énorme coque est à l'étroit dans sa cale. Les visiteurs ont l'air de fourmis à ses pieds. Un immense portique rayé rouge et blanc enjambe le paquebot obèse, et l'on songe que ce cheval-d'arçons géant pourrait figurer dans le parcours pérenne Estuaire. À l'avant du bateau-immeuble, le bulbe d'étrave bleu roi, la coque blanche, un bras de grue jaune et l'oblique rouge du portique composent un tableau abstrait. Du Kandinsky mâtiné de Miró. L'art, décidément, est partout, même là où on ne l'attend pas.

À l'arrière, d'énormes hélices dorées incrustées d'ovales d'argent ornent les trois propulseurs pivotants. De l'orfèvrerie titanesque. Les ingénieurs et les ouvriers qualifiés expliquent fièrement à leurs familles la fonction de tout cela. Les ovales d'argent sont, paraît-il, des « anodes sacrificielles », terme que je trouve très poétique. « Ça permet de protéger les coques en acier de la corrosion, on trouve ça sur tous les bateaux », fait un soudeur en haussant les épaules. Un ingénieur montre à sa compagne l'écubier qu'il a dessiné. La société américaine Royal Caribbean Cruises Ltd a beau posséder le navire, pour l'heure il appartient encore aux Nazairiens. « C'est nous qui l'avons construit ! » lance un garçon à son papa. « Quand il sera à l'eau, tout ça, la coque et les belles hélices, on ne le verra plus », ajoute une vieille dame pleine de sagesse. Elle a raison. *Harmony of the Seas*, l'ogre des mers, est aussi une œuvre éphémère. Un blasphème me traverse alors l'esprit, une question scandaleuse qui pourrait me coûter cher si je l'exprimais à voix haute au milieu de ces ouvriers si fiers d'avoir bâti ce titan des mers : où tout cela va-t-il finir ? Dans quel fond vaseux du globe ou dans quelle casse bengalie, puisque tel semble être le destin final de tout vaisseau, rouiller au fond de l'océan ou se faire désosser comme une vulgaire bagnole ?

Passons au centre-ville. À quoi ressemble une ville où, à quatre reprises, on a construit le plus grand paquebot du monde[1] ? À un paquebot, justement. Avec un peu d'imagination, les rues rectilignes du centre évoquent les coursives d'un navire, et l'architecture d'après-guerre donne la sensation de se promener en permanence sur le pont d'un bateau de croisière. Immeubles bas aux angles arrondis, façades d'un blanc éblouissant, galerie couverte et pavoisée, sans oublier

1. *Le Normandie*, *Le France*, *Queen Mary 2* et *Harmony of the Seas*.

le cri des mouettes. Même la Mini-Fouine, magasin discount de l'avenue de la République, est dotée d'un escalier à double volée comme sur les grands paquebots. De là à dire que la croisière s'amuse…

Saint-Nazaire a été reconstruite à la hâte, sans fioritures, sans même un regard pour l'océan qui est à ses portes. L'avenue de la République et l'avenue du Général-de-Gaulle sont de froides perspectives Nevski. Je préfère la poésie des rues du Traict, Fernand-Grasnier ou Vincent-Auriol, petites rues ordinaires au fond desquelles la mer apparaît subrepticement, comme un beau regard bleu sur un visage ingrat. Il ne doit pas être désagréable d'habiter l'un de ces immeubles, confondants de banalité mais à un jet de pierre de l'océan. Plus loin, de petites villas pastichent les styles anglo-normand, basque ou flamand. On est avenue de Vera Cruz ou de La Havane, les grands ports desservis par les paquebots transatlantiques au départ de Saint-Nazaire. C'était la belle époque, avant que Le Havre ne soit choisi comme tête de pont, laissant à Saint-Nazaire la construction des paquebots.

Fin de journée. J'atteins le front de mer et son parapet dessiné comme un bastingage. Des pêcheries jettent les silhouettes arachnéennes de leurs carrelets sur le ciel rose et bleu délavé. En dessous, la plage de sable jouxte la jetée ouest du port. Douce comme une caresse, une bise marine m'accompagne le long de ce bord de mer dépeuplé, et le mystère reste entier : pourquoi s'entasser sur le remblai de La Baule, défiguré par les grands immeubles, quand on a ici un petit croissant de sable et de rochers pour soi tout seul ?

Et que dire de la plage de Saint-Marc-sur-Mer ? Une délicieuse atmosphère de congés payés enveloppe la petite station balnéaire des *Vacances de M. Hulot*. Évidemment, l'hôtel de la Plage est devenu un Best Western redécoré au goût du jour. Si le héros dégingandé de Tati y revenait, il devrait débourser jusqu'à 240 euros pour une chambre. Il est là, du reste, ce cher M. Hulot, statufié au-dessus de la plage, privé de sa pipe par un voleur imbécile. N'empêche, à la tombée du jour, sur la plage désertée, le charme désuet de Saint-Marc flotte encore, comme un parfum entêtant qui nous parlerait de baignades et de pêche à l'épuisette, de pension complète et de parties de tennis improbables.

On pourrait m'objecter que je triche un peu, là, que Saint-Marc n'est pas Saint-Nazaire. Si, Saint-Marc est bien un quartier de Saint-Nazaire. Et le littoral de vingt plages entre les deux, c'est encore Saint-Nazaire. Les chantiers navals semblent loin depuis le sentier côtier qui musarde de criques en falaises dans le parfum mentholé des pins. Les carrelets des pêcheries de Trébézy apparaissent entre les chênes tortueux. De loin en loin, on aperçoit une maison de famille aux volets bleus qui sent bon l'huître et les vacances d'été.

Retour à l'hôtel. Un énorme coup de soleil me barre le front et le cou. C'est qu'il a fait sacrément beau toute la journée. « Saint-Nazaire la Grise » qu'ils disent ! Je t'en foutrais de la grisaille…

Le lendemain matin, je ressens soudain l'appel du large. Du moins je le crois. Sinon que ferais-je au rayon accastillage du Comptoir de la mer ? Je me surprends à déambuler dans les allées de ce magasin du port, détaillant les différents types de lignes de mouillage, les manivelles de winch et les pots d'antifouling. J'ai envie d'acheter une vareuse et des bottes de pêcheur. Je sors du magasin avant de commettre l'irréparable.

À deux pas de là, trône le Building. Cet immeuble de onze étages semble contrôler les allers et venues des bateaux qui passent à ses pieds. Le Building est la seule éminence de Saint-Nazaire, il est vilain comme la tour Montparnasse, mais on s'arrache ses appartements pour le panorama qu'ils offrent sur le port et l'estuaire. Elsa Osorio en sait quelque chose, elle est depuis deux semaines en résidence d'artiste au sommet de l'édifice. L'auteure argentine profite de l'hospitalité de la Maison des écrivains étrangers et traducteurs (la Meet), que dirige Patrick Deville (*Peste et Choléra*, Seuil, prix Femina 2012). J'ai demandé à les rencontrer tous deux séparément, curieux de savoir quel regard des écrivains contemporains portent sur la ville.

Patrick Deville est le local de l'étape. Il a passé son enfance dans un ancien lazaret, de l'autre côté du pont de Saint-Nazaire. À présent il se venge en mettant ses hôtes en quarantaine. « Du dixième étage du Building, les auteurs voient tous les mouvements des bateaux. Certains ferment les volets pour ne pas se laisser déconcentrer ! » Nous sommes assis en terrasse du Skipper, une brasserie d'où l'on observe le trafic maritime. Une goélette vient amarrer juste devant nous. « Il est rare de voir des vraquiers, des remorqueurs, des chalutiers et des cargos depuis la terrasse d'un café, non ? Ce port n'est pas un décor, il fonctionne vraiment. » Patrick Deville est un bourlingueur. Il appartient à la famille des écrivains voyageurs, qui savent ce que veut dire « jeter les haussières » ou « touer au cabestan ». Il connaît les ports du monde entier et ne craint rien tant que de voir les bateaux de plaisance remplacer partout les cargos, et les voileux en bermuda blanc, les marins en ciré jaune. Saint-Nazaire n'est pas Saint-Tropez, loin s'en faut. « C'était un petit village de pêcheurs jusqu'à ce qu'on en fasse la tête de pont des lignes transatlantiques pour l'Amérique centrale. Saint-Nazaire est devenue une ville cosmopolite, qui a compté jusqu'à vingt consulats. Il y avait aussi la construction navale, avec une culture ouvrière forte, empreinte d'anarcho-syndicalisme. C'est une ville étrange qui s'est construite deux fois en un siècle : au milieu du XIX^e^ siècle puis après-guerre. Pour les auteurs qui arrivent du bout du monde, le bout du monde, c'est ici. »

Demandons-leur directement. Dix étages au-dessus du Skipper, je sonne à la porte d'Elsa Osorio. L'écrivain m'ouvre les portes de son lumineux appartement de résidence. « Saint-Nazaire, je n'y comprends rien, dit-elle en s'attablant devant son Mac sourire aux lèvres. Le jour de mon arrivée, on m'a dit que la ville comptait 70 000 habitants. Où sont-ils ? Je me promène sans croiser personne ! L'autre jour, j'ai compté moins de dix passants en toute une matinée. Et puis un beau jour, en me promenant sur le front de mer, je les ai tous vus d'un coup. Une grande fête sur la plage… » Elsa Osorio a beau être une *porteña* de Buenos Aires, elle paraît *lost in translation* à Saint-Nazaire comme Scarlett Johansson à Tokyo. Mais ses errances dans la ville fantôme, ses rencontres inopinées, ses expériences étranges viennent alimenter l'ouvrage qu'elle prépare.

« Une fois en me promenant sur le port, j'ai surpris des hommes sur un bateau, le long du quai. Ils m'ont regardée d'un air suspect sans que je sache pourquoi… Puis j'ai vu le pont levant et j'ai pensé qu'ici mon personnage pourrait être poussé à l'eau. » Cette façon qu'ont les écrivains de semer les macchabées dans tous les ports du monde… Un quai mal éclairé, un cargo rouillé, un crachin de novembre et c'est bien le diable si on ne retrouve pas le corps d'un matelot au fond d'un bassin.

« Mon roman commencera par un assassinat, mais je ne veux pas faire un roman policier ! » ajoute Elsa Osorio en lisant dans mes pensées. Son héroïne sera une clandestine qui se cache à Saint-Nazaire. « C'est une bonne ville pour disparaître. La preuve, je n'ai encore croisé aucun Argentin ici alors qu'il y en a partout dans le monde. » Tout en l'écoutant parler, j'admire par-dessus son épaule la lumière qui tombe sur l'estuaire de la Loire. Elsa Osorio se retourne. « Ça me rappelle l'estuaire du rio de la Plata. Pendant la dictature argentine, on y balançait les opposants au régime du haut des avions. Les cadavres s'échouaient sur les côtes uruguayennes. » Sait-elle que Saint-Nazaire a, elle aussi, connu de terribles épreuves ? Je vais pour lui parler du *Lancastria* mais je me retiens. Mon interlocutrice, je le sens, ne tient pas à en savoir trop sur la ville. Saint-Nazaire doit garder sa part de mystère. Qu'irai-je éclairer une femme que les zones d'ombre fascinent ?

Du reste j'aurais beau jeu d'étaler ma science, moi qui ne savais rien du *Lancastria* une heure auparavant. Entre-temps, j'ai rencontré Raye et David. Ce charmant couple de retraités anglais m'intriguait. Que faisaient ces deux impeccables sujets de Sa Majesté à Saint-Nazaire, dans ce hall d'hôtel où ils avaient manifestement leurs habitudes ? Mes deux British tirés à quatre épingles me racontèrent alors l'épisode tragique du *Lancastria*. Le 17 juin 1940, en pleine débâcle française, ce paquebot jeta l'ancre au large de

Saint-Nazaire pour évacuer les soldats britanniques qui fuyaient l'avancée des Allemands. 9000 personnes montèrent à bord du navire, qui ne pouvait en accueillir que 3000. Alors qu'il s'apprêtait à quitter l'estuaire, la Luftwaffe bombarda le bâtiment. 4000 à 7000 personnes périrent – plus que les victimes des naufrages du *Titanic* et du *Lusitania* réunies.

« Mon père était à bord. C'était un sergent de l'armée britannique. Il est tombé à l'eau, dans une épaisse couche de fioul où les autres se noyaient. Des pêcheurs français l'ont secouru et lui ont fait boire du vin rouge pour lui faire vomir le mazout qu'il avait avalé. » Chaque année depuis vingt ans, Raye vient avec son mari pour déposer une gerbe sur le monument dédié aux victimes du désastre, sur le front de mer. « Les Anglais ont une dette éternelle envers les Nazairiens », ajoute solennellement David, qui arbore le même regard bleu glacier que son épouse. L'une des plus grandes catastrophes maritimes du siècle dernier a eu lieu ici et je l'ignorais…

Nous évoquons ensuite la « poche » de Saint-Nazaire. La ville et ses proches environs furent les derniers morceaux de France à être libérés de la présence allemande, un an après tout le monde. Tandis qu'à Nantes on fêtait la Libération, les Nazairiens vivaient en état de siège, contraints de côtoyer l'ennemi. L'aviation alliée bombardait la ville. Des passeurs traversaient la Loire avec des messages, entourant leurs rames avec des chiffons pour ne pas éveiller l'attention des Allemands qui patrouillaient sur l'estuaire. Peut-on encore voir une ville du même œil quand on sait tout cela ?

Je quitte mes Anglais, *nice to meet you*. Il me reste encore un peu de temps avant mon départ. J'en profite pour partir à la recherche de ce dolmen que mentionne mon plan. Un dolmen en pleine ville… Je remonte une rue déserte et finis par tomber dessus. Il trône étrangement au centre d'une place carrée. Un menhir lui tient compagnie. On croirait deux météorites, deux visiteurs du temps celtique propulsés en plein XXI$^{e}$ siècle. Fait rare, aucun panneau patrimonial n'explique leur présence. Le mystère reste entier. Elsa Osorio adorerait.

# VERDUN

## Arrêter le massacre

L'avantage avec Verdun, c'est que l'on sait immédiatement où on met les pieds.

Verdun : deux syllabes au parfum de mort. L'horreur de la Grande Guerre, le sang, les bombes, les tranchées. 300 000 morts en 300 jours. La boucherie humaine.

« C'est Verdun » : l'expression est dans toutes les bouches dès qu'il s'agit de décrire un désastre, une déconfiture, un chaos sans nom.

Bref, Verdun, c'est Verdun.

Dans le fracas d'images et de mots que ce nom colporte, on en oublierait presque la ville. Car Verdun n'est pas qu'un champ de bataille, c'est aussi une ville. Une ville encore debout, traversée par la Meuse, peuplée d'habitants qui respirent – je le sais, j'en ai vu. Non pas une ville martyre, donc, mais une ville rescapée, qui aspire à vivre. Et même à séduire.

C'est là que les choses se gâtent. Dans « l'empire terrorisant du sourire » où nous vivons, selon le mot de Philippe Muray, la préfecture de la Meuse est un cauchemar pour publicitaires. Verdun est un visage balafré qui veut sourire, mais qui ne parvient qu'à grimacer.

Elle voudrait qu'on lui parle d'autre chose que de guerre et de morts alors qu'on vient la voir pour ça. On se rend à Verdun comme on va au cimetière à la Toussaint. Avec des chrysanthèmes à la main.

Verdun n'attire guère que les passionnés de la Grande Guerre et les collégiens en sortie scolaire. En ces temps de commémoration, il en arrive par essaims entiers, ce qui est plutôt une bonne nouvelle. Mais quoi, Verdun va-t-elle sortir un jour de sa tranchée ? Peut-elle offrir autre chose que des souvenirs macabres et des chiffres accablants ?

Il fallait voir sur place. Je suis donc parti, sans fleur au fusil.

Si l'hiver 1916 fut ici des plus rigoureux, je puis assurer que certains étés n'en sont pas moins redoutables. En ce mois de juillet 2015, Verdun est écrasé de chaleur. Le volant brûle les mains. Dans les rues, les rares piétons cherchent de l'air comme des poissons hors de l'eau. Je me mets en quête d'un brumisateur. Toutes les pharmacies ont été dévalisées. Le long de la Meuse, la ville montre un joli profil avec ses péniches amarrées aux quais, sa tour médiévale à créneaux (étrangement épargnée par les conflits), les deux tours de la cathédrale, dans les hauteurs. Il y a même un jet d'eau qui copie celui du lac de Genève. Tout cela s'animera le soir, mais pour l'heure, je suis le seul insecte à me hasarder sur cette plaque de cuisson.

Je trouve un peu d'ombre dans la rue Mazel. Comme j'observe les traces de bombardements de 1916 et 1944 sur la façade de la chapelle Saint-Nicolas, une femme m'aborde :

— On détruit Verdun !

— Encore ? dis-je.

Ça ne la fait pas rire. Elle me tend un prospectus de la CGT. On menace de fermer 55 lits à l'hôpital. La militante veut me convaincre et il fait trop chaud pour qu'elle ait tort. Je signe la pétition et m'en vais gravir le grand escalier du Monument à la Victoire. Il s'agit d'une statue massive de guerrier franc toisant l'horizon, les bras croisés reposant sur son glaive. On l'a taguée.

La température monte. Je me réfugie à l'ombre d'un bel érable sycomore, qui trône au milieu du jardin lapidaire du musée de la Princerie. Cet arbre a 150 ans. Il a connu les trois Guerres (1870-1871, 1914-1918 et 1939-1945), mais son tronc rosâtre et moussu ne porte pas un seul stigmate. Aucune balle ne l'a éraflé, aucun couteau n'y a gravé de cœur ou de prénom, aucun ongle n'a cherché à lui arracher un bout d'écorce. C'est un colosse vierge, un vieillard pur comme un nouveau-né. On se sent bien sous ses branches basses et tentaculaires, à l'abri du monde rugissant. Quel effort il faut consentir pour s'arracher de son ombre bienfaitrice !

Par chance, le musée de la Princerie est accueillant. L'entrée ne coûte que 3 euros et c'est climatisé. Bien évidemment, je suis le seul visiteur à faire craquer les lattes de parquet ciré. Je bâille. Y aura-t-il encore, dans quelques années, des gens, même en très petit nombre, même très très âgés, capables de s'intéresser à un rouet avec son dévidoir ou à un buffet-vaisselier lorrain ? Capable d'apprécier l'héraldique sur une plaque de cheminée ? Pourquoi ai-je toujours la sensation d'être le dernier visiteur de ces petits musées de province ? J'en suis là de mes questionnements lorsque je découvre la collection d'armes et d'équipements militaires. Celle-ci est essentiellement centrée sur la guerre franco-prussienne de 1870. Casques à pointe, sabres de cavaliers russes à spatules d'argent, cuirasses du Second Empire à motifs léopard, cuirasses dorées de dragons, casques à panache rouge, galons, clairons et tambours, fusils-baïonnettes… Comme c'est beau ! Comme c'est joli ! On retrouve son regard de petit garçon devant ces vitrines étincelantes où la guerre ressemble à une parade, et les batailles à un grand jeu. Je veux bien être un soldat si c'est pour me battre comme ça, avec de beaux costumes, de la musique et des armes qu'on n'a pas envie de salir.

À trois minutes à pied de là, le Centre mondial de la Paix coupe court aux rêveries d'enfants. La guerre y est montrée dans toute sa nudité. Dépouillée de tout son faste militaire. Débarrassée de tout héroïsme va-t-en-guerre. Le soldat est rendu à son humble état de « pauvre paquet de chair tremblante, de nerfs affolés, une pauvre âme en détresse qui se serait vouée au diable si le diable avait consenti à écarter les obus ». Cette phrase de Jean Norton Cru, inscrite sur un panneau, dément l'impression de colonie de vacances que véhiculent involontairement certaines images d'archives, celles où l'on voit des Poilus jouant aux cartes, la pipe aux lèvres, parmi les sacs de sable de leur tranchée.

Des exemples d'artisanat de tranchées sont exposés, comme ces douilles d'obus décorées par les Poilus pendant leur temps de repos. Cent ans plus tard, la guerre inspire encore : à la librairie, je compte vingt et une bandes dessinées sur la Grande Guerre, toutes remplies d'explosions, de tranchées, de neige et de cadavres. Il y a aussi des livres d'histoire, des récits de soldat, des témoignages en pagaille, un manuel sur l'argot des Poilus, des livres pour enfants. Un catalogue d'autocollants propose de s'amuser en reconstituant un état-major allemand, une attaque au gaz ou un hôpital de campagne. On peut aussi s'offrir la « musette du Poilu » (série limitée numérotée, 20 euros), un képi français rouge à visière (70 euros) ou, pour ceux qui ont un petit creux en visitant le site des Éparges à proximité, la « terrine du Poilu » (pâté de campagne). Malaise. Trouve-t-on des pyjamas rayés en coton bio à la boutique d'Auschwitz ?

Si l'on veut s'amuser à Verdun, mieux vaut lire les noms des évêques de la ville, gravés dans la pierre à l'entrée du Centre mondial de la Paix. Arateur, Pulchrône, Ermenfroy, Gisloald, Agrébert, Pépon, Volchise, Dadon, Vicfrid, Hériland. Entre 547 et 921, des hommes se sont vraiment appelés ainsi. Voilà qui redonne foi en l'humanité.

On peut contempler la ville depuis les jardins du palais épiscopal. Sauf par 35 °C. Rôti par le soleil, aveuglé par l'éclat blanc des gravillons, je ne dois mon salut qu'à la fuite vers les profondeurs glacées de la cathédrale toute proche. Une crypte m'y attend, étrange avec ses soldats sculptés sur les chapiteaux des colonnes. Ce décor n'est pas vieux, et pourtant la crypte remonte au XII^e^ siècle. J'apprends que celle-ci fut en fait redécouverte par hasard à la faveur des bombardements allemands. Retenons-nous d'en tirer quelque morale hasardeuse sur les avantages de la guerre.

La rue des Gros-Degrés porte bien son nom, il y fait plus chaud que jamais. Cet escalier relie la ville haute à la ville basse. La ville haute est triste et peu animée, tandis que la ville basse est triste et un peu animée. Malgré toutes les curiosités que je viens d'égrener, Verdun présente un visage morne, exténué, dénué de gaîté. D'accord, le poids de l'Histoire, la Lorraine sinistrée, etc. Mais parfois Verdun exagère. Pas un commerce dans la ville haute, des rues vides et grises, des façades en crépi noirâtre. Certains quartiers sont tombés à pieds joints dans la déprime et, passé les premiers moments d'apitoiement, on voudrait leur donner un bon coup de pied au cul pour qu'ils se reprennent en main. Sans aller jusqu'à se tartiner d'enduit saumon comme les villes du Sud, il y a sûrement quelque chose à faire, je ne sais pas moi, des volets de couleur, des fresques peintes, des fleurs aux balcons ?…

Paradoxalement, c'est dans ce qu'elle a de plus sinistre et de plus décati que Verdun séduit. Je veux parler ici de la citadelle. Non pas de la citadelle souterraine, qui abrita les Poilus en partance pour le front ou de retour de l'enfer, et dont on visite désormais les galeries à bord d'un petit train dans un froid polaire[1], mais de la citadelle haute, qui se trouve au-dessus de la première, en plein air. Des grilles en ferment l'accès, mais l'office de tourisme organise aux beaux jours des visites guidées des lieux. Les casernements du XIXe siècle qui s'alignent au milieu des herbes folles composent un bel ensemble d'architecture déglinguée, avec ce qu'il faut de vitres cassées, de portes vermoulues et de plafonds écroulés. La végétation ronge tout. On croirait visiter le bagne de Cayenne. Puis soudain, les casemates laissent place aux ruines d'une abbaye bénédictine,

1. La température de 7 °C y est constante puisqu'on est à 16 mètres sous terre.

Saint-Vanne. Une tour ancienne et les arcades du cloître se dressent parmi les chardons et les ombellifères. Un couple de chèvres ensauvagées passe tout près. Rien ne vient troubler le silence. Un poète romantique composerait ici quelque chose de poignant.

Quant à moi, tout mon être, toute mon âme est tendue vers un seul point : trouver un brumisateur.

C'est dans la jolie forêt de Verdun que je respire enfin. L'ombre des arbres dispense un peu de fraîcheur. De belles pelouses bosselées invitent au farniente. Les oiseaux gazouillent et les pins font flotter une odeur de bord de mer ensoleillé, de vacances… Cent ans plus tôt, ce petit paradis était le foyer de l'enfer, celui de la bataille de Verdun. Les jolis dodelinements du terrain sont dus aux cratères creusés par les bombes (six obus au mètre carré). Les hêtres, les épicéas, les pins noirs d'Autriche n'ont été plantés là que pour occuper les anciennes terres agricoles dévastées et déclarées impropres à l'agriculture (la fameuse « zone rouge »). Quant aux anciens villages – car il y eut ici des villages –, ils ont tous disparu.

Celui de Fleury-devant-Douaumont est le plus connu. En 1913, 422 habitants y vivaient paisiblement. Il y avait un boulanger, un charpentier, une costumière-repasseuse, des maçons, des agriculteurs. En février 1916, les bombes allemandes détruisirent le village. Les deux armées se disputèrent ses ruines fumantes. De juin à août 1916, Fleury changea seize fois de main. Il n'en reste plus rien. Des bornes au sol montrent l'emplacement du lavoir, du maréchal-ferrant, du café-épicerie. C'est un village virtuel que l'on visite. Les seuls signes de présence viennent des plaques déposées ici en hommage. Des lycéens ont planté un arbre de la paix, les Amis de Robert Schuman ont coulé une colombe de la paix dans le béton, un monument rend hommage aux fusillés français, une association entretient le ravin des vignes. Tout le monde veut laisser une trace dans le village qui n'en a laissé aucune.

De la tranchée des Baïonnettes à l'ossuaire de Douaumont, tout dans la forêt de Verdun n'est que stèles, mémoriaux, monuments funéraires, nécropoles, chapelles du souvenir. Rien ne reste que la commémoration du souvenir.

À Douaumont, plus de 16000 croix sont alignées devant l'ossuaire. Implacables rangées, vertigineux quadrillage – on pourrait croire à du land art. Mieux que les chiffres, cette forêt de croix blanches donne la (dé)mesure de ce que fut la bataille de Verdun, cet infernal abattoir à ciel ouvert. Tel un glaive planté dans le sol jusqu'à la garde, l'ossuaire domine la nécropole. La longue galerie plongée dans la lumière orangée des vitraux conserve le souvenir de 130000 soldats français ou allemands. On ne devrait retenir que cela, mais il faut passer par la boutique et subir, une fois de plus, la loi du merchandising. Mini-casque à pointe, stylo camouflage, briquet de la Grande Guerre, scènes de bataille à colorier. Suis-je le seul à avoir la nausée ?

On ne se sent pas le droit de juger l'esthétique ou le bien-fondé d'un monument commémoratif dans un tel lieu, et pourtant la tranchée des Baïonnettes dérange. Il s'agit d'une vilaine galerie en béton abritant sept croix plantées sur une levée de terre. La légende raconte que sept soldats du 137ᵉ R.I. périrent ici debout, baïonnette à la main. Leurs corps auraient été retrouvés grâce aux baïonnettes de leurs fusils qui dépassaient du sol. L'histoire est belle, mais aucun soldat ne fut jamais retrouvé debout, et ce petit mensonge ôte au lieu quelque chose de sa dimension tragique.

Ai-je dit à quel point il faisait chaud ? On ne comprendra pas ce que je faisais, cinq minutes plus tard, dans une auberge voisine, une glace à la main, parlant de musique militaire à un inconnu, si l'on oublie le climat torride de Verdun cet été-là. À l'Abri du Pèlerin, où j'ai trouvé refuge près d'un ventilateur, je me colle une glace à l'orange sur le front pour ne pas défaillir. Mon voisin, un retraité, arbore un T-shirt du 18e R.T. d'Épinal. « C'est une musique qui joue en tenue bleu horizon. Le drame, c'est que bientôt il n'y aura plus de musique militaire en Lorraine. On démantèle toute l'armée. À Verdun, il ne reste plus qu'un seul régiment, contre une vingtaine auparavant. » Philippe Maille est bavard sur le sujet. « La musique militaire, c'est papa qui me l'a fait découvrir. J'ai ça dans la peau, moi. Depuis l'âge de 12 ans, je vais aux commémorations militaires, je me déplace partout. La semaine dernière, j'étais à la Haute-Chevauchée, en forêt d'Argonne. » Ses deux grands-pères ont combattu. L'un a reçu la croix de guerre et la Légion d'honneur ; l'autre, des gaz allemands. Tandis que j'emmagasine sur les musiques militaires un tas d'informations aussi intéressantes qu'inexploitables pour un dîner en ville, mon regard se pose sur les photos accrochées aux murs, celles d'un village en noir et blanc. C'est Douaumont, l'un des neuf villages morts pour la France pendant la Première Guerre mondiale. Il existe encore, m'apprend Sylvaine, la patronne. Elle sait de quoi elle parle puisqu'elle en est la maire !

Deux familles vivent ici, soit un total de huit habitants. Six d'entre eux ont voté et élu leur maire, qui essuie la vaisselle. « Douaumont comptait 120 habitants avant-guerre. Il y avait une école et une église. Ormes, le village martyr voisin, était un vrai bourg avec plus de 5 000 habitants. Il ne reste plus que trois maisons là-bas. » Son écharpe tricolore en bandoulière, Sylvaine court les cérémonies. « Une par jour en juin, ça n'arrête pas ! »

Sylvaine et Philippe : deux vivants au pays des morts. Parler avec eux m'a requinqué. Je reprends la route à travers les feuillus, les pins et les blés. Le village de Louvemont s'est volatilisé comme les autres, ne laissant derrière lui que des creux, des bosses et, à l'orée d'un bois, une chapelle moderne. Plus loin, les ruines de l'église d'Ormes surgissent en pleine forêt, irréelles. Les fûts des colonnes ont été redressés dans la nef toute enveloppée de silence. On est ému comme devant les vestiges d'un temple antique. Puis c'est Bezonvaux (village détruit), Vaux-devant-Damloup (village détruit mais reconstruit) et enfin Vaux (village détruit). La route égrène les villages martyrs comme les perles d'un chapelet macabre, et je ne prête plus attention aux stèles, ni aux monuments aux morts, ni aux tourelles de tir enterrées. Comme un visiteur saoulé d'art après une journée au Louvre, j'ai atteint mon quota de Grande Guerre pour aujourd'hui. J'étouffe dans la zone rouge. Retour à Verdun.

Ce soir, on donne un concert sur le quai de Londres. J'aimerais écluser une bière fraîche en écoutant autre chose que de la musique militaire, mais j'ai déjà réservé ma place à un spectacle de son et lumière… sur la bataille de Verdun. La Grande Guerre en relief, façon Puy du Fou. Le spectacle *Des flammes à la lumière*, qui a pour cadre une ancienne carrière de chaux, est une fresque historique qui n'hésite pas à faire vibrer la corde de l'émotion. Cela relève-t-il du divertissement, du merchandising 14-18 ou cela participe-t-il au nécessaire travail de mémoire ? La sincérité des 400 bénévoles ferait pencher la balance vers la dernière réponse, mais j'apprends qu'un « pack insolite » permet au spectateur, venu assister au spectacle le vendredi, de devenir figurant le lendemain aux côtés d'un bénévole. Entrer dans la peau d'un Poilu devient une expérience touristique et un argument de vente commercial.

On n'y comprend plus rien. Faut-il se recueillir ou s'amuser ? Cent ans après, Verdun cherche encore une façon d'appréhender sa bataille. Comme si elle ne savait plus quoi faire de ce cadavre trop lourd pour ses épaules.

Je rencontre Hélène, qui travaille pour le spectacle *Des flammes à la lumière*. Elle a été guide à Verdun et sur les champs de batailles. « À la fin de la journée, je déprimais », dit-elle. Son travail au son et lumière est pour elle une bouffée d'air frais, une façon vivante d'aborder la Grande Guerre, loin de l'atmosphère pesante des mémoriaux et des cimetières.

Elle me propose gentiment de faire un tour de canoë avec son compagnon Guy. Nous voilà embarqués sur la Meuse par une belle matinée de canicule. Vue du ras de l'eau, le centre-ville de Verdun reverdit. La végétation a envahi un garage abandonné : la pompe à essence est enfouie sous les herbes sauvages. Des jardins en déshérence, ombragés de tilleuls, regardent le fleuve du haut de leurs parapets lézardés. Une treille court sur un vieux mur. Une poignée de saules et d'églantiers peuple un minuscule îlot autour duquel flemmardent des brèmes. Maman canard cancane, suivie de ses canetons. C'est charmant comme dans un livre d'images pour enfants. Au-dessus, le palais épiscopal et la cathédrale font un joli décor.

Nous nous couchons au fond du canoë pour passer sous l'arche très basse d'un pont et remontons un peu le petit canal du Puty. Les rives verdoyantes, le son mouillé de la pagaie, la main qu'on laisse glisser dans l'eau tiède, la présence invisible des sandres, des brochets et des chevesnes, est-ce aussi cela, Verdun ?

Nous décidons de prolonger la balade à Belleray, au sud de la ville. Cette fois nous embarquons sur un canot à moteur. Débarrassée du corset des quais, la Meuse s'ensauvage. Tout à leur aise, les saules se déploient au bord de l'eau. Leurs branches se touchent presque d'une rive à l'autre. Nous progressons dans un mince corridor vert, sous le couvert des arbres. Des chevaux sur la berge se désaltèrent dans une vision d'éden. Je ne serais pas surpris de rencontrer une licorne. Nous finissons bien sûr par tomber sur une nécropole, celle de Belleray (1 234 militaires morts pour la France), mais l'heure est à la contemplation. Il faut parfois savoir tourner le dos aux morts quand on vit au milieu d'un cimetière.

Hélène et Guy ont la trentaine verdunoise. C'est-à-dire qu'ils aiment les sorties à la campagne, sauf que, celle-ci étant jalonnée d'anciens champs de bataille, leurs coups de cœur se portent parfois vers des lieux inattendus. Autour d'une quiche lorraine préparée en un tournemain et servie dans leur jardin en bord de Meuse, Hélène avoue un penchant pour la butte du Vauquois. Guy opte pour la Cote 304.

La butte de Vauquois n'est pas une colline champêtre, c'est un site où Français et Allemands se sont livré une guerre des mines d'une violence inouïe entre 1914 et 1918. Quant à la cote 304, ce n'est pas un raidillon pour cyclistes du dimanche, mais l'un de ces points saillants âprement disputés par les deux camps – 10 000 soldats français y ont laissé la vie.

On me ramène en voiture à Verdun. Avenue de Floride, impasse de Louisiane, avenue d'Atlanta... Nous traversons la cité Kennedy, un quartier pavillonnaire à la mode américaine : des maisons de plain-pied précédées de leurs carrés de pelouse, avec garage attenant, sans clôture. Ces logements furent construits après 1945 pour abriter les soldats américains des troupes de l'Otan et leurs familles. Verdun, on l'oublierait presque, a également subi la Seconde Guerre mondiale de plein fouet.

Hélène m'a vivement conseillé de retourner à Bezonvaux, où j'étais passé vite. Bien lui en a pris, ce village détruit est sans doute le plus émouvant de tous. Un ruisseau coule au milieu d'un petit bois semé de ruines arasées. J'aperçois un pot de lait criblé de balles, des débris de tuiles, des fragments de murs : les lambeaux d'un village pilonné sans relâche pour avoir eu la malchance de se trouver sur un axe stratégique. Les cratères creusés par les obus donnent une idée du déluge de feu qui s'est abattu ici, mais le plus poignant, c'est le petit cours d'eau qui coule en silence dans ce décor. On dirait qu'il se fait tout petit, avançant à pas de velours parmi les ombellifères, les orties et les plantes aquatiques. Il prend sa source à Ormes, traverse Bezonvaux et rejoint le ruisseau de Vaux – trois villages détruits. C'est un ruisseau orphelin. On ne sait comment le consoler.

Je reprends la route dans la zone rouge. Les monuments du souvenir défilent. Colonnes, socles, stèles. On pourrait rebâtir un village entier avec toutes ces pierres commémoratives. J'arrive au fort de Vaux, où 250 soldats français ont résisté pendant sept jours aux assauts allemands. Sous les tirs et les bombardements, l'édifice s'est délité. Il ressemble désormais à une falaise tout effritée. Son toit herbeux a été labouré par les explosions, offrant une vision d'entonnoirs et de mottes, de boursouflures atroces. On songe au visage défiguré d'un lépreux couvert de bubons et d'abcès.

À 8 kilomètres de là, le fort de Douaumont présente la même façade – une croûte de béton désagrégée par les tirs, et le même toit, bosselé comme le dos répugnant d'un crapaud. Les enfants emmenés ici par leurs grands-parents traînent les pieds et ronchonnent. Ils en ont assez qu'on leur parle de mémoire et d'héroïsme, ils voudraient de l'action. La Grande Histoire, d'accord, mais alors au moins en son et lumière.

La maison Braquier est une institution à Verdun. On y fabrique des dragées depuis des lustres – Napoléon les appréciait fort, paraît-il. On y fabrique aussi des obus en chocolat. Un détonateur fait exploser la bombe en cacao, qui renferme des dragées et des gadgets. Quoi de plus amusant qu'une confiserie qui fait « boum ! » comme dans les tranchées ? On croit avoir atteint le sommet du mauvais goût, mais on apprend que l'invention remonte à 1830 et non au lendemain de la Grande Guerre. Et puis qui est-on pour juger ? Le commerce de gadgets autour de la guerre n'est sans doute pas glorieux, mais après tout, n'est-ce pas un moyen, pour une ville meurtrie, d'exorciser son passé et de lui survivre ?

Verdun ne se résume pas à sa guerre ni au rapport qu'elle entretient avec elle. L'hôtel de ville n'a pas une gueule de martyr avec ses impeccables bossages et son fronton sculpté. Le parc Japiot fait oublier les Poilus avec ses platanes, ses saules pleureurs et sa passerelle au-dessus de la Meuse pour contempler les deux tours de la porte Chaussée. Quant aux escaliers qui mènent au Monument à la Victoire, on peut les emprunter simplement pour le plaisir de voir le pays montueux, ses collines, ses bosquets et ses champs de céréales. Les côtes de la Meuse ne sont pas loin, qui déroulent leurs vagues blanches de mirabelliers au printemps, et d'or à l'automne. Oui, la campagne de la Meuse est belle. Et Verdun est un peu plus que Verdun pour peu qu'on prenne la peine de lui ôter son uniforme bleu horizon.

# VALLÉE DE LA FENSCH

## Rien à fer

Que vient faire une vallée dans cette sélection de villes ?

Une vallée, c'est bucolique. Souvent une rivière la traverse, des prés et des bois la bordent, des champs et des villages, une ville parfois. Et un grand soleil dans un coin de la feuille. Une vallée, c'est un dessin d'enfant en maternelle.

Le val de Fensch nous fait sauter quelques classes. Fini la rigolade. Je vous parle ici d'une vallée sinistrée située au sud-ouest de Thionville, dans cette Lorraine des hauts-fourneaux à l'arrêt. Nous sommes en Moselle, non loin de Metz, sur le territoire des mineurs et des métallos. Les premiers sont désormais à la retraite, les seconds presque tous au chômage.

Le val de Fensch commence à Fontoy, à vingt minutes de la frontière luxembourgeoise. Il se termine 15 kilomètres plus à l'est, en bord de Moselle. Plus précisément à Florange, tristement célèbre pour la fermeture en avril 2013 des derniers hauts-fourneaux de Lorraine. Entre les deux, le val égrène un chapelet de petites villes grises : Knutange, Nilvange, Hayange, Serémange-Erzange, Uckange... Les gens du coin parlent de la vallée des anges – des anges à qui l'on a collé des plumes et du goudron.

Pauvre Fensch ! L'homme lui a fait subir les pires outrages : cheminées d'usines, hangars, bâtiments de l'industrie lourde à perte de vue, autoroute et chemin de fer, cités ouvrières tentaculaires. Ne cherchez pas trop la rivière, les deux tiers de son lit sont couverts, enfouis sous les énormes structures métalliques des hauts-fourneaux désormais à l'abandon. Le spectacle de ces installations sidérurgiques sans vie fait instantanément naître une question : pourra-t-on un jour dépolluer tout cela (on parlerait aujourd'hui de « requalification paysagère »)? Rien ne paraît moins sûr. Sacrifiée sur l'autel du progrès[1], la petite vallée de la Fensch est morte pour l'industrie, comme les villages détruits de Verdun sont morts pour la France.

C'est justement à Verdun, où je me trouve un soir d'été, que mon périple en Fensch commence véritablement. Le groupe qui se produit sur les quais de Meuse à l'invitation de la ville s'appelle Grand Blanc et vient de Metz. Trois gars et une fille, la vingtaine. Le chanteur a la gueule cabossée et les cheveux peroxydés. Sa voix brute de fonderie parle d'errances nocturnes et d'ennui lorrain sur fond de synthés *cold wave*. « Noirceur, petite sœur, ce que tu as grandi », gronde-t-il, tandis que la fille, beauté gracile en collant noir, va decrescendo : « élan de l'âme, élan de l'âme, élan de la mélancolie ». Cette mélodie me trottera dans la tête durant tout mon séjour dans la vallée, la musique froide et oppressante de Grand Blanc seyant mieux au

1. L'industrie sidérurgique fut florissante du XIXe siècle à la première moitié du XXe siècle.

paysage sidérurgique que les rythmes chaloupés de Bernard Lavilliers[1], trop exotiques à mon goût pour dire la noirceur des lieux. À la fin du concert, j'attrape le chanteur pour parler un peu. Il s'appelle Benoît. Son grand-père dirigeait une usine de la Sollac, société sidérurgique rachetée par ArcelorMittal. Il a longtemps traîné son spleen adolescent à Metz, pétant des lucarnes aux cailloux, allant même jusqu'à supporter le FC Metz, les éternels guignards du foot français. « La vallée des anges fait bader, mais c'est un imaginaire dont on se nourrit : les mines ont fermé, la sidérurgie se casse la gueule, on s'est fait envahir trois fois[2], il pleut… Mais il y a quelque chose de mystique dans cette friche industrielle, cette *loose*. Je me suis créé une mythologie perso autour du religieux médiéval (la cathédrale de Metz) et de la sidérurgie. » Une cheminée d'usine est tatouée sur son bras.

Florange n'est pas Florence et on n'aborde pas le val de Fensch comme on aborde le val de Loire. Le seul château ici est celui des Wendel, ces « barons de l'acier » qui régnaient autrefois sur les mines de fer et les usines – c'est à présent un hôtel-restaurant. Quant aux cathédrales, la seule encore visible est profane : il s'agit du haut-fourneau U4, à Uckange.

Pour embrasser la vallée d'un seul regard, il faut monter sur la butte de la Vierge. Une grande statue de Notre-Dame-de-Hayange y trône en majesté. Ici mieux

---

1. Le chanteur a composé *Fensch Vallée* en 1976, puis *Saudade* et *Les Mains d'or*, en 2001. Ce dernier titre est dédié aux ouvriers de l'usine ArcelorMittal de Florange.

2. La Moselle a été annexée par l'Allemagne de 1870 à 1914, puis envahie lors des deux Guerres mondiales.

qu'ailleurs le visiteur prend la mesure des dégâts. Cheminées et laminoirs, cokeries et aciéries, centrale électrique et bâtiments de coulée continue, parcs à brames et à blooms tapissent la vallée de bout en bout. Ajoutons la grisaille des maisons ouvrières et l'affreux maillage des routes et des ponts, le viaduc de l'autoroute et une ligne de chemin de fer industrielle : tout cela est terrifiant de dureté et de noirceur. C'est à peine si l'on remarque les flancs boisés de la vallée, car figurez-vous qu'elle est encore verte et même touffue, la vallée, dès que l'emprise urbaine décroît. Seulement on ne le voit pas. L'œil est aimanté par le sinistre haut-fourneau de Hayange (appelé « de Florange » à tort). Il ne crache plus sa fumée noire, celle qui en hiver salissait jusqu'aux flocons de neige. Une clôture empêche de s'en approcher. C'est un monstre éteint dans sa cage. Mais on frémit encore à l'idée que la vallée en était infestée : huit rien qu'à Hayange, neuf à Algrange, six à Uckange. Ceux d'Uckange ont tous disparu sauf un, le U4, désormais ouvert à la visite.

Lorsque je m'y rends, une jeune touriste japonaise est entre les mains d'un ancien d'Uckange – les métallos à la retraite font visiter leur ancien lieu de travail. Le soleil est de plomb, ce qui est la moindre des choses au pays de l'acier fondu. Sous le chapiteau d'exposition surchauffé, j'écoute d'une oreille les explications techniques du guide, mais ma concentration fléchit au fur et à mesure que le mercure progresse. Il est important de connaître le B.A.-BA de la sidérurgie lorsqu'on vient ici, comme par exemple savoir distinguer la fonte de l'acier (la première sert à fabriquer le second). Mais là n'est pas l'essentiel. L'essentiel se dresse devant moi au sortir du chapiteau : silos de stockage et cowpers, colonnes laveuses, tour de chargement, haute cheminée… U4 déploie son architecture impossible, et c'est bien à une supercathédrale d'acier, de béton et de tôle que l'on songe aussitôt en la découvrant. Tout est si imbriqué, si enchevêtré et si compliqué par le jeu des conduits, des escaliers et des rampes que l'on renonce bien vite à y comprendre quoi que ce soit. On ne sait par où prendre ce mécano géant monté par un enfant fou. La superposition d'escaliers et les passerelles qui se croisent en tous sens sur les trois colonnes laveuses évoquent un impossible dessin d'Escher. Au centre de la superstructure, le haut-fourneau laisse voir toutes ses entrailles, incroyable méli-mélo de conduits et d'armatures métalliques. Quel vautour voudrait de ces viscères de fer, de ce squelette rouillé ? Car évidemment, et c'est le plus beau, la masse d'U4 est rouillée jusqu'à l'os. Rivets, crochets, câbles, conduites, rampes, tout est magnifiquement corrodé et oxydé. Ceux qui se pâment devant les plaques en acier Corten de Bernar Venet ou de Richard Serra mourraient d'extase s'ils venaient ici. D'ailleurs le plasticien Claude Lévêque a mis le site en lumière. La nuit, le haut-fourneau rougeoie comme un brasier. On dirait que la fonte en fusion incendie son propre temple, tel un génie devenu incontrôlable. L'effet est grandiose.

Nous ne sommes que deux aujourd'hui, la Japonaise et moi, à tourner autour d'U4. Deux fourmis. À l'époque où les hauts-fourneaux tournaient à plein régime, un bon millier d'ouvriers se relayaient ici 24 heures sur 24. En soixante ans, un million de tonnes de fonte furent produites à Uckange. L'usine a fermé en décembre 1991. Celle de Florange, désormais aux mains d'ArcelorMittal, en 2013. À présent, seule l'activité du laminage subsiste encore dans la vallée.

Ces dates appartiennent à l'histoire de la Lorraine ouvrière et de la France industrielle.

De l'histoire à la légende, il n'y a qu'un pas. Certains sortent déjà les violons pour chanter le temps béni où les usines embauchaient, où les cheminées crachaient leurs fumées dans de beaux ciels tourmentés… « Ils vous ont dit combien d'ouvriers sont morts de cancers à U4 ? » Antoine Terrak n'est pas de ceux-là.

Cet ancien ouvrier de Gandrange et de Florange a lutté aux côtés d'Édouard Martin (devenu député européen) contre la fermeture des hauts-fourneaux de Hayange. Il est à l'origine de la marche des syndicalistes d'ArcelorMittal sur Paris, du 28 mars au 6 avril 2012. Mais ne comptez pas sur lui pour broder sur la beauté du geste du puddleur devant son four ni pour chanter un hymne à la mémoire ouvrière façon Lavilliers. Les mains d'or, très peu pour lui.

« Je vais te dire, l'acier, j'en ai rien à foutre. On aurait pu fabriquer des pneus ou des bouteilles en plastique, pour moi c'était pareil. Si je me suis battu, ce n'est pas pour l'acier, c'est pour combattre quelque chose d'injuste : la fermeture d'une usine qui fonctionnait bien, la mise sur le carreau de milliers d'ouvriers parce que la courbe sur le graphique de M. Mittal ne montait pas assez. On disait qu'U4 fabriquait la meilleure fonte d'Europe, et pourtant ça a fermé en 1991. C'étaient les prémices de la mondialisation. Désormais l'important n'est plus la qualité, mais le rendement. »

Antoine Terrak m'emmène faire un tour de Fameck à Hayange. Nous passons les cités construites par les maîtres de forge pour leurs ouvriers. Le « W » des Wendel apparaît en blason dans les vitraux de l'église de Hayange, où ils se sont fait représenter en famille, tels de puissants seigneurs. Salauds de patron ? Même pas. « Il y avait du bon dans le paternalisme à la Wendel. Comme on avait besoin des ouvriers, on les retenait en leur offrant un certain confort. Colonies de vacances, cadeaux de Noël, télés, machines à laver… On avait tout ça à la maison. J'ai eu une enfance modeste, mais heureuse. Aujourd'hui, c'est fini. Tu crois qu'ArcelorMittal s'occupe du bien-être des ouvriers ? » Nous passons devant U4, Antoine Terrak grimace. « On a injecté beaucoup d'argent pour maintenir ça debout et en faire un truc touristique. On ferait mieux d'investir dans la création d'entreprises, créer de l'emploi. »

Son père était pontier, il faisait les trois-huit. « Il ne nous parlait jamais de son travail à l'usine, c'est bien qu'il y avait un souci. Il ne voulait pas que ses enfants y aillent[1] ». Antoine Terrak sera pourtant ouvrier, puis syndicaliste franc-tireur. Il est à présent fonctionnaire au conseil régional. Sa fille travaille au Luxembourg, son fils veut à tout prix éviter l'usine. Trois générations pour se défaire de la sidérurgie.

Nous parlons encore de la vie dans la vallée du temps jadis : les cafés à touche-touche ouverts de 4 heures du matin à minuit, l'odeur d'œuf pourri rejetée par la cokerie, les échappées buissonnières dans les vergers à quetsches et à mirabelles, les copains portugais, algériens, marocains, italiens, espagnols. Tandis

1. Dans *La Vallée usinière* (1985), Adrien Printz écrit : « Ces hommes n'ont assurément jamais chanté en travaillant, même pas ce qu'il leur était interdit de dire. Il n'existe pas de chant des puddleurs ni des lamineurs dans le folklore ouvrier, et c'est finalement à cela que l'on reconnaîtra que le travail du fer en usine n'a pas produit de métiers heureux. »

que nous roulons, le décor gris défile. « Ce gris est bleu pour moi, je ne le vois plus. »

Quelques instants plus tard, seul à nouveau, j'erre en voiture du côté de Florange. Comment un si beau nom peut-il accoucher d'une ville au physique si ingrat ? Les rues sont exsangues. Une grande colline gris-noir finit par m'intriguer. Il s'agit, je l'apprendrai plus tard, du crassier Marspich.

« Qu'est-ce que c'est ? Un crassier ? » je demande à un vieil homme sur le pas de sa porte. Il se retourne pour voir. La colline est sous son nez. « Hein ? Une colline, où ça ? Je ne sais pas trop, je n'ai jamais fait attention. » Peut-être la voit-il bleue, lui aussi, cette montagne de scories. Avec des petites fleurs dessus.

Pour ma part je ne vois que du gris partout dans la vallée. Un gris sale, noirâtre, qui recouvre la moindre façade de maison, la moindre ruelle. Et le soleil éclatant de juillet n'y change rien. À Serémange-Erzange, un alignement de façades en crépi évoque une rangée de pierres tombales. Sur une porte, je vois même, je le jure, une couronne mortuaire – la demeure d'un croque-mort ou d'un cynique ?

Autour du pont Molitor de Hayange, les maisons sont noires. La fumée des cheminées d'usines a encrassé la brique. L'ouvrage enjambe des rails qui convergent vers les hauts-fourneaux, dont la masse lugubre et inquiétante ne cesse de fasciner. À Knutange, une ruelle bordée de modestes logements ouvriers s'arrête à quelques mètres de l'usine Saint-Jacques[1], étrangement ouverte sur l'extérieur, comme prête à avaler les maisonnettes et leurs propriétaires.

1. On y fabrique les rails des lignes à grande vitesse (LGV).

On trouve parfois un peu de chaleur dans cette promiscuité urbaine, ces maisons endeuillées semblant se serrer les unes contre les autres comme à un enterrement – leur enterrement.

Dans les hauteurs de Nilvange, l'ambiance se fait oppressante. La rue des Vosges et la rue du Général-de-Castelnau s'étirent en longs corridors encadrés d'austères immeubles symétriques. C'est gai comme une caserne. Les voitures tranchent avec le reste. Bien entretenues, de bon standing, elles rappellent que la vallée n'est pas tout à fait sinistrée, puisqu'un actif sur quatre travaille au Luxembourg.

Plus loin, dans la rue principale d'Algrange, la jolie fresque peinte de l'artiste Greg Gawra, avec ses mineurs et ses wagonnets, ne peut rien contre la tristesse émanant du bourg, interminable succession de maisons charbonneuses. « Noirceur, petite sœur, ce que tu as grandi »…

Même les demeures cossues de la période allemande, celles qui arborent des pignons, des tourelles et des guirlandes de fleurs, ont le cafard.

Quant à Fontoy, tout au fond de la vallée, là où la Fensch prend sa source, c'est encore et toujours le règne de la grisaille. Mais c'est dans la rue de Verdun, à Hayange, que l'on touche le fond. Toutes traces de vie, toute fantaisie, toute joie semblent avoir été aspirées de cette rue et rejetées au loin. C'est une épuisante succession de maisons sales et de commerces fermés qui commence sous le pont de l'autoroute et se termine aux abords de la cité Gargan. Un cauchemar d'agent immobilier. Une tête chenue apparaît dans l'encadrement d'une fenêtre et me fixe indéfiniment. Je frissonne : c'est le regard de la Mort.

Si l'on n'a pas peur d'être assailli de pensées morbides, la virée en voiture dans le val de Fensch peut s'avérer tout à fait plaisante. Avec un solide sens de l'humour noir, on peut même s'amuser comme un petit fou. Mais tôt ou tard, on finit par atteindre le point de saturation. Le mien arriva tandis que je traversais Algrange au volant de ma voiture. Une violente sensation d'étouffement me noua soudain la gorge. Je pris alors une route, n'importe laquelle, et suivis le panneau « Pelouses calcaires ». Des pelouses en calcaire ou même en béton, je n'étais plus à ça près. La route grimpe le coteau, laissant les dernières maisons derrière elle, puis s'arrête net. Je sortis de la voiture, lus machinalement un panneau d'interprétation et levai la tête. Ce que je découvris me coupa littéralement le souffle. Une mer de hautes herbes blondes ondulait à l'infini devant moi. La lumière rasante de fin de journée dorait la steppe de graminées, que le vent couchait en longues caresses. Le spectacle était éblouissant. J'en étais ému aux larmes. Aucune cheminée, aucun bâtiment ne venait rompre la beauté sauvage de ce plateau qui dominait la vallée. Tout en bas, je distinguais la ville sale et grise. Devant moi s'étendait une savane ondoyante, parcourue de papillons tachetés. C'est donc ça, les pelouses calcaires : 56 hectares de Mongolie et d'Afrique entre Algrange et Nilvange. J'ai marché une heure et demie sur ce plateau sans croiser l'ombre d'un promeneur. Je n'aurais pas été surpris de voir surgir un fauve des hautes herbes jaunes, d'où émergeait parfois un arbre. Le chuchotis du vent accompagnait ma marche. Je serais bien resté camper ici la nuit, avec une tente et une lampe tempête. J'aurais vu des lions et des antilopes et des guerriers massaï, mais qui m'aurait cru ? Je quittai donc les hauteurs blondes pour replonger dans les abysses de la vallée.

On prend vite goût à la liberté. Le lendemain, je me surprenais à chercher des coins de verdure, des poches vierges de toute construction. Et miracle, j'en trouvais : l'étang du Moulin-Rouge à Fontoy (une ancienne station de pompage des eaux), une parcelle de blé à Serémange-Erzange, les potagers de la cité Gargan à Hayange. Ces îlots de chlorophylle ont quelque chose d'infiniment doux et touchant tant ils paraissent vulnérables face à l'univers industriel qui les entoure.

Vaillants petits brins d'herbes, farouches carrés de choux, arbres héroïques, fiers résistants du fond de la vallée usinière… Le plus émouvant, c'est encore la rivière Fensch. On peine à imaginer que ce minuscule cours d'eau fût d'une quelconque aide pour les usines mastodontes de la vallée. À Fontoy, elle gazouille craintivement, pas pressée de poursuivre son chemin. Peu avant Knutange, elle se resserre dans son lit, se fait si étroite qu'on peut l'enjamber d'un saut. Elle disparaît bientôt dans la gueule noire d'une arche en brique. Elle ressurgit à Hayange, à la hauteur des anciens bureaux Wendel. Corsetée dans un vilain canal, la mignonne a encore le courage de siffloter son petit air champêtre à l'ombre des arbrisseaux. Tout autour, c'est le décor décadent de la sidérurgie lorraine : le majestueux bâtiment à l'abandon des Wendel, rongé par le lierre et les ronces ; les conduits oxydés des hauts-fourneaux ; les wagonnets figés dans la rouille. Ensuite j'ai perdu la trace de la Fensch. Je sais simplement qu'elle se jette dans la Moselle au niveau d'Illange, soulagée sans doute d'achever là sa courte et pénible existence.

Si dans la vallée de la Fensch le gris et le noir dominent, tout n'est pas frappé de déréliction pour autant. Une longue déambulation mène parfois à des lieux insolites, au charme bancal, beaux malgré eux. Ainsi de la cité Gargan, à Hayange. Des petites maisons de mineurs se font face à la manière des corons, sous l'œil des maisons de contremaîtres, plus confortables, juchées en haut de leur butte. Les rangées de logements tirées au cordeau évoquent une ville de western, surtout en milieu d'après-midi, quand il n'y a pas âme qui vive. Un air d'harmonica, un buisson roulé en boule par le vent et vous êtes Clint Eastwood dans *Pour une poignée de dollars*. Je plissais les yeux, prêt à dégainer, quand un gamin à vélo surgit d'entre deux maisons. Il portait un survêtement et avait les cheveux rasés comme les jeunes prolos anglais. Il faisait des ronds, désœuvré, dans la rue déserte. Cette fois c'était *Raining Stones* ou l'un de ces films sociaux sur l'Angleterre misérable de l'ère Thatcher. La cité Gargan est un décor de cinéma sans caméra, une *Cinecittà* lorraine sans équipe de tournage.

Et la cité Bellevue, c'est Beverly Hills ? Parfaitement. Depuis cette chère rue de Verdun, il faut gagner les hauts de Hayange jusqu'à ce quartier résidentiel, serti de villas quasi cossues – et néanmoins affligées de cet hideux crépi gris sans lequel il n'est point ici de construction possible. Que voyons-nous du haut de la colline ? Hayange la Noire en contrebas, l'autoroute qui la traverse, la vallée industrielle tout en longueur, la Vierge en face et, au loin, les quatre cheminées de la centrale nucléaire de Cattenom. Elles crachent à gros bouillons une épaisse fumée blanche, celles-là, comme pour narguer les hauts-fourneaux de la vallée : « Ça va, la sidérurgie ? Parce que nous, dans le nucléaire, on est en pleine forme ! »

Hayange a une dernière surprise pour nous. Dans le centre-ville, les sombres immeubles tapis sous les arches du viaduc de l'autoroute forment un univers de science-fiction urbaine que ne renieraient pas les Peeters et Schuiten des *Cités obscures*. Il règne un parfum d'apocalypse sous les hautes piles du pont, et la nuit, on verrait bien l'héroïne vénéneuse de quelque polar gothique hanter ce quartier lugubre. Cette remarque vaut aussi pour Knutange, qui a aussi son viaduc. Et pour Nilvange, Algrange et Serémange-Erzange. Et aussi Uckange. La vallée de la Fensch a un potentiel dramatique inné.

Je n'ai pas parlé à grand monde depuis mon entrevue avec Antoine Terrak. Je venais alors d'arriver dans la vallée. À présent c'est mon dernier soir. Au Remotel, l'hôtel où je séjourne à Knutange, les langues se délient soudain. La serveuse me donne du « Monsieur » à tout va. Elle a du mal à saisir la commande de ce Chinois un peu rustre qui dîne seul. Renseignement pris c'est un Taïwanais. Il guide un groupe de Chinois, *stupid people*, selon lui. Leur car est garé sur le parking.

Des visiteurs asiatiques, il en vient toutes les semaines, m'apprend le patron de l'hôtel. Ceux-là bouclent leur tour express de l'Europe. Ils ont fait Rome, Florence, Venise, Lausanne, Francfort et passent une nuit à Knutange avant de rejoindre Paris, Versailles et une autre ville dont je n'ai pas saisi le nom. Les vénérables voyageurs de l'empire du Milieu ne dînent pas au restaurant, ils ont avalé des nouilles chinoises et sont déjà couchés. Je ne saurais jamais ce qu'ils ont pensé de leur étape lorraine, bizarrement intercalée entre la vallée du Rhin et les Galeries Lafayette.

Je suis moi-même assez déboussolé au Remotel. Les chambres n'arborent pas la moindre fantaisie, dans le pur style *no fun* du val de Fensch, mais une collection hétéroclite de flacons de cognac, de calva et autres grappa garnit les étagères. Je remarque aussi des collerettes de bouchons de champagne en veux-tu en voilà. Le patron m'avoue qu'il est atteint de buticulamicrophilie (il collectionne les flacons d'alcool). Sa sœur est placomusophile (dingue de capsules de champagne) et cervalobelophile (elle voue un culte aux sous-bocks de bière). Tout cela est passablement inquiétant, mais pas autant que la cécité du vieil homme de Florange, qui ne voyait pas la montagne en face de lui. Et moins que la frénésie des touristes chinois, capables de consacrer autant de temps à Knutange qu'à Venise.

C'est l'heure du départ. Je m'arrête au bord d'un pont pour un dernier regard sur Florange. Un train d'usine passe, tirant une interminable file de wagons chargés de brames. L'acier vient d'être laminé ici, il repart Dieu sait où. L'industrie de la vallée n'a peut-être pas dit son dernier mot, ou alors c'est justement celui-ci qui me passe sous les pieds. Comment savoir ?

Adieu la Fensch, adieu les anges. Mon moral a joué les montagnes russes ici, mais va, petite vallée, je t'aime bien. N'en veux pas trop aux automobilistes de l'A30 qui te traversent sans te voir, ils sont trop pressés pour goûter au charme de ton sourire triste. Le mien s'élargit. D'abord parce que je m'en vais. Ensuite parce que je reviendrai.

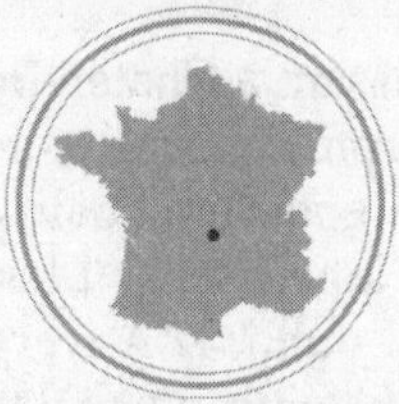

# CHÂTEL-GUYON

## Que d'eau ! que d'eau !

Il fut un temps où l'Auvergne était à la mode. On venait prendre les eaux dans des stations thermales toutes neuves, jolies comme des pâtisseries, posées sur la vieille montagne du Massif central. On s'était aperçu qu'en plus des volcans et du saint-nectaire, la région produisait de l'eau miraculeuse. Il en jaillissait de partout, de chaque recoin de vallon, de chaque sommité volcanique. Mille sources gorgées de soufre, de chlorure de sodium, de bicarbonate, de cuivre, de calcium, de fer et d'arsenic. Mille bouillons chimiques venus des entrailles de la terre et capables de soigner l'estomac et l'intestin, les bronches et les reins, la peau et les allergies.

C'est ainsi que, dès le Second Empire, les demoiselles un peu trop pâlottes et les messieurs congestionnés partaient illico à Vichy. À la Belle Époque, on se rendait à Royat-Chamalières, Néris-les-Bains ou Bourbon-l'Archambault. Les dames portaient des corsets, des bottines lacées et des ombrelles. Les messieurs, des vestons et des montres à gousset. On croisait Sacha Guitry et Buster Keaton à La Bourboule, Sarah Bernhardt à Royat-Chamalières, Marcel Proust au

Mont-Dore, Maupassant à Châtel-Guyon[1], pour ne rien dire des têtes couronnées. Bien avant Saint-Tropez, Gstaad ou Ibiza, le gotha mondain se pressait dans le Puy-de-Dôme. Peu à peu, hélas ! les stations thermales sont tombées dans l'oubli. L'Auvergne s'est encroûtée (Valéry Giscard d'Estaing, Danièle Gilbert, Vulcania) et les malades ont trouvé de nouvelles façons de guérir (huiles essentielles, homéopathie, luminothérapie).

Quelle ne fut donc pas ma surprise lorsqu'un jour de juillet, sur la route des vacances, je posai mes valises à Châtel-Guyon (Puy-de-Dôme). Non seulement le Massif central existait toujours mais, en plus, une réminiscence de son glorieux passé thermal se trouvait là, sous mes yeux.

Nichée au creux d'un vallon, la petite ville vivait comme au début du siècle passé. Des bataillons de curistes marchaient à pas menus dans un petit parc parcouru par une rivière d'opérette, le Sardon. De temps à autre, ils s'abreuvaient à une fontaine, sous un kiosque, à l'aide d'un verre gradué. Une gorgée de telle eau de source, une minuscule rasade de telle autre, puis ils s'asseyaient sur un banc du parc, à l'ombre d'un arbre.

Un calme apaisant baignait ce vallon bordé de grands hôtels Belle Époque, du casino-théâtre appétissant comme une meringue et des Grands Thermes à l'étrange façade néoromane. J'étais la seule personne, avec ma compagne, à ne pas avoir dépassé le demi-siècle. Je déambulais dans un état d'émerveillement

1. Châtel-Guyon a inspiré à Guy de Maupassant un roman, *Mont-Oriol*, portrait caustique d'une ville thermale de la Belle Époque.

et de béatitude, ne sachant ce que je trouvais de plus charmant, l'architecture désuète des lieux, la torpeur bienfaitrice du vallon, la courtoisie affable des curistes, leur grand âge ou les porte-gobelets en paille qu'ils arboraient, comme les pèlerins de Compostelle leur coquille Saint-Jacques. Je quittais Châtel-Guyon le lendemain, pas tout à fait certain de ce que je venais de vivre, mais déterminé à revenir pour vérifier que je n'avais pas rêvé. Ce que je fis, cinq ans plus tard, par une vilaine journée d'automne.

Rien n'avait changé. Rien ne change jamais à Châtel-Guyon. C'est d'ailleurs tout l'intérêt du lieu. La station vit sous cloche, comme un plateau de fromages d'Auvergne – enlevez-la et sa beauté se flétrira. J'arrive par une route qui descend jusqu'au fond du val où se tiennent le casino-théâtre de 1901 et les grands thermes historiques[1]. Le parc thermal n'a pas bougé d'un iota. J'y retrouve les mêmes petits bancs bleu pâle, le kiosque à musique, la rivière sinueuse, les buvettes et les boutiques sous arcades. Les allées sont presque vides, nous sommes en fin de saison. Tout cela est émouvant à souhait.

« L'eau thermale est un médicament », lis-je à l'entrée du hall des sources, le saint des saints de Châtel-Guyon. C'est ici que les quatre sources locales[2] sont regroupées pour le bonheur des curistes. Chacune dispose de son petit nom et de sa propre fontaine. Il y a

---

1. Fermés, sauf le dimanche après-midi en saison thermale. La visite permet d'admirer la voûte en stuc, les deux escaliers aux courbes gracieuses, le sol en mosaïque, les murs décorés de carreaux de faïence et de frises en émaux colorés.

2. Depuis la fin du XVIIe siècle, on leur donne le nom de « gargouilloux » à cause du petit bruit qu'elles font en jaillissant.

la source Germaine, la source Deval, la Carnot-Est et la source Marguerite. Toutes sont riches en magnésium (elles battent même le record d'Europe), fortement concentrées en silicium et en oligo-éléments, et donc tout à fait indiquées dans le traitement des affections digestives et rhumatologiques.

Dans une ambiance de maison de retraite à l'heure de la sieste, les curistes remplissent leur verre gradué conformément à leur prescription médicale, boivent tout doucement l'eau bienfaitrice, puis, exténués, se reposent sur une chaise. En attendant de se resservir à une autre source, certains sortent des mots croisés ou se plongent dans un Agatha Christie en vieille édition de poche. De temps à autre, ils échangent quelques mots avec le voisin – il est généralement question de douleurs intestinales et d'arthrose lombaire. Le plus souvent chacun préfère garder le silence. Le curiste est un animal solitaire, appliqué, méthodique. Rien ne doit venir le déconcentrer dans sa périlleuse guérison.

Les heures passent.

Les publicités présentent les soins thermaux comme des cures de jouvence : c'est tout le contraire. Le hall des sources est un tunnel qui vous propulse plusieurs décennies en avant. Soudain on a 70 ans, un intestin récalcitrant, des rhumatismes au genou, un caniche au bout de la laisse et de furieuses envies de mou de veau. L'expérience n'est pas déplaisante, il faut juste savoir se recroqueviller sur sa petite santé, écouter ses boyaux gargouiller et y trouver du plaisir. Une lente régression s'opère en soi et l'on finit par se sentir bien, là, seul avec sa maladie, immobile et vide dans cette petite ville amniotique.

À demi anesthésié, je me lève enfin pour goûter à l'une de ces eaux de source qui ne doivent être consommées que sur ordonnance. La Germaine est tiède et a un goût douceâtre assez vite écœurant. La Marguerite est à peine plus potable. La Deval évoque un vieil Efferalgan et la Carnot-Est donne l'impression de sucer un bâton de fer rouillé. Je comprends mieux la morosité ambiante.

Au « point de rencontre », face au casino-théâtre, un tableau affiche les annonces des professionnels de médecine parallèle. La concurrence est féroce entre gourous : séance de magnétisme et de relaxation shindo, voyance et tarot, astrologie et yi king, cours de tai-chi-chuan et qi gong « style du serpent de la famille Yang ». On croirait lire un menu de restaurant chinois, mais là n'est pas le plus étrange. Une certaine Cymone a punaisé la couverture de son livre intitulé, *Colopathie : c'est psychosomatique ?!* et sous-titré « Témoignage de guérison d'une maladie ayant duré vingt ans. La colopathie fonctionnelle peut disparaître. Les multimétaux en bouche (ou prothèses dentaires) peuvent être à l'origine de votre SII. » En couverture, le même sigle SII apparaît au centre d'un cœur vert pistache, devant ce qui ressemble à une cabine de chiottes en bois. Qu'est-ce qu'un SII ? Qui est cette mystérieuse Cymone ? A-t-elle vraiment trouvé cette couverture à son goût ?

Je décide d'aller me renseigner à la librairie de l'avenue Baraduc. Le libraire est noir, jovial et salue en breton (« Kenavo ! »). Autant dire qu'il tranche avec la population locale. « Cymone ? Je suis en rupture de stock ! Ce matin encore, une dame m'en a passé commande. J'ai une grosse clientèle de curistes, alors je ne vends que de l'intestin et du régional ! Marc Lévy, c'est seulement sur commande, on le trouve déjà partout. » Sur les rayonnages, je tombe en effet sur un polar médical (*Un rein sinon rien*), un essai d'astrologie-acupuncture-symbolique (*Miroir de soi(e)*) et une foule de romans de terroir : *Omerta en Combrailles*, *L'Adieu aux Bruyères*, *La Légende du puy de Vitrat* ou l'alléchant *Les Pieds en Picardie, la tête en Limousin*. Les couvertures sont pleines de ruisseaux et de sous-bois, de collines et de vieux bâtiments de ferme. Le roman du terroir sent l'omelette aux cèpes, c'est à ça qu'on le reconnaît. Mais tout cela ne me dit pas ce qu'est le SII.

D'après mes observations, la vitesse moyenne d'un piéton à Châtel-Guyon est de 1,9 km/h (0,8 km/h au parc thermal). Il est des lieux où la vie s'accélère, d'autres où elle ralentit ; à Châtel-Guyon, elle fait du surplace. Même le distributeur automatique de billets de l'avenue Baraduc est anormalement lent.

C'est donc avec l'effet d'un TGV lancé à pleine vitesse que je traverse le parc thermal au petit trot – je suis en retard à l'atelier santé des thermes. Je suis en parfaite forme, mais on ne joue rien au casino-théâtre ce soir, et il faut bien se distraire un peu. L'atelier, animé par une pétillante nutritionniste, s'adresse à une vingtaine de personnes atteintes de colopathie fonctionnelle. Essentiellement des femmes, essentiellement âgées. La colopathie fonctionnelle, ou syndrome du côlon irritable, est une anomalie de fonctionnement du tube digestif qui provoque constipations, diarrhées, ballonnements et autres joyeusetés dans le ventre. Dans une ambiance de réunion Tupperware, la nutritionniste dispense ses conseils d'alimentation. J'apprends que la graine de caroube augmente le volume des selles, que « la vidange gastrique, c'est trois heures », que les pommes cuites sont tout à fait indiquées, et que « le topinambour, c'est niet ».

Les colopathes n'ont pas la vie facile. Ils doivent faire la chasse aux crudités et aux féculents, au pain complet et à la charcuterie, aux viandes grasses et aux petits pois, aux pâtisseries et à la bière. Le cassoulet est un tabou. « On est rejetés de partout », gémit une curiste, « à table on me dit toujours : ne fais donc pas tant de manières… ».

L'un des rares hommes de l'assistance lève la main :

« Il y a trois ans, vous nous aviez conseillé de remplacer les pommes de terre par des lentilles corail. C'est toujours d'actualité ? » « Les colopathes sont des anxieux », me confie la nutritionniste en aparté après la séance.

Ma voisine de table s'appelle Christiane, comme la belle héroïne de Maupassant dans *Mont-Oriol*. Nous nous sommes à peine présentés qu'elle m'entretient déjà de ses embarras gastriques. On pratique sur son corps le « goutte-à-goutte par voie rectale ». Je me tortille sur ma chaise. La Christiane de Maupassant se serait-elle livrée ainsi à un inconnu ? Ma voisine me révèle tout de même la signification du sigle SII, si répandu à Châtel-Guyon : Syndrome de l'Intestin Irritable. Je découvre aussi qu'en complément de leur cure de boisson, les curistes suivent des soins thermaux intenses, parfois dès 6 heures du matin, et ce pendant trois semaines puisque telle est la durée d'une cure médicalisée prise en charge par l'Assurance-Maladie. Tant de soins épuisent. Un comble pour une station de bien-être.

La pluie tombe sur la ville d'eau. Profitant d'une accalmie, je ressors en ville. Les bancs et les chaises, les salles de repos et le calme ouaté du parc, les petits pas des curistes, tout ce climat de convalescence me donne des fourmis dans les jambes. Je cavale le long de l'avenue Baraduc, je remonte la rue d'Angleterre, j'arpente la rue Lacroix et la rue du Docteur-Gubler.

Un petit dépliant m'indique les plus beaux bâtiments de la ville. Ils sont nombreux et de tous les styles. Des villas aux allures de vieilles rombières arborent des oriels et des bow-windows en tous sens, des pignons audacieux, des toits à la Mansart, des ferronneries Art nouveau et de faux pans de bois à la normande. La villa Sans-Souci se la joue gothique flamboyant, la villa Cisterna penche pour le style Louis XIII, la plupart des autres hésitent encore.

On a mélangé la brique et la pierre grise de Volvic, collé des frises de céramique et des bas-reliefs en terre cuite, mis du crépi quand il y avait encore la place, et on a regardé ce que ça donnait. Les bourgeois étaient épatés. Les plus riches ont ajouté quelques tourelles et des ferronneries aventureuses. C'était l'époque où les trains déversaient des foules de curistes.

Les grands hôtels thermaux se souviennent de cet âge d'or à leur façon. Le Grand-Hôtel impose sa masse blanche Arts déco, le Splendid a conservé son faste Belle Époque, le Castel-Regina annonce encore fièrement « tout confort, ascenseur » sur sa façade.

Perché dans les hauteurs, l'ancien palace Continental évoque un Grand Budapest Hotel rouge et blanc. On s'attend à y voir des grooms en livrée, des duchesses pâles d'Europe de l'Est et de mystérieux voyageurs au regard ténébreux. Mais les cariatides du Continental ne gardent désormais que des appartements et le jardin est à l'abandon.

Heureusement, le Splendid fait encore hôtel et centre de soin thermal. J'y déjeune le lendemain dans une salle déserte. Seul parmi les moulures et les colonnes, tel un dandy dans son palais décadent, j'avale mes samoussas de ris de veau en buvant de l'eau gazeuse auvergnate – entendre sans cesse parler d'intestins m'a bizarrement donné de l'appétit pour les foies, gésiers et abats. Mon râble de lapin est englouti en deux coups de fourchette. Le Splendid a eu la courtoisie de vieillir avec sa clientèle. C'est toujours mieux que de courir après l'air du temps à coups de posters d'Andy Warhol et de chaises en Plexi transparent.

La jeunesse de Châtel-Guyon s'est faite très discrète jusqu'à présent. Je veux bien boire un litre de Germaine cul sec si j'ai croisé plus de dix personnes affichant moins de 40 ans. Quelle n'est donc pas ma surprise d'apercevoir, dans la devanture d'une ancienne boutique de la rue du Docteur-Levadoux, une jeune illustratrice occupée à plier, coller et sérigraphier ! Elza Lacotte fabrique à la main de petits livres illustrés inspirés de ses voyages et de son imaginaire. On y croise beaucoup d'animaux marins et de cartes géographiques. C'est étrange, dessiné d'un trait noir tantôt enfantin, tantôt inquiétant. Sous son bonnet péruvien, Elza m'apprend qu'une petite colonie d'artisans et d'artistes s'est installée dans sa rue. « Il y a un luthier, un tapissier, une portraitiste, un peintre aux allures de punk qui fait une belle carrière, un illustrateur pas loin, et moi. C'est la rue des artistes ! Les loyers ne sont pas chers et Clermont-Ferrand n'est qu'à 12 kilomètres. Les petits vieux ne comprennent rien à ce qu'on fait, mais c'est pas grave, on nous laisse tranquilles ! »

Le soir, je sors au casino. Le bâtiment a conservé ses frises Arts déco, mais pas sa clientèle huppée. Deux rustauds accoudés au tapis vert demandent au croupier de leur expliquer les règles du black jack. La roulette n'attire personne. Quelques âmes égarées s'abrutissent devant les bandits manchots. Parfois les pièces tombent en cascade dans un bruit de diarrhée métallique. À Châtel-Guyon, même les machines à sous souffrent de troubles digestifs.

***

Une heure de route sépare Châtel-Guyon de La Bourboule, plus au sud.

Cette station thermale montagnarde traversée par la Dordogne s'est développée comme une ville du Far West autour de ses bains. Les Grands Thermes en constituent le centre névralgique avec leur cheminée de brique et leurs cinq dômes néobyzantins recouverts d'écailles en zinc. Les eaux qui jaillissent à 58 °C sont « bicarbonatées chlorurées sodiques », avec une pincée d'arsenic. Elles sont donc tout à fait recommandées dans le traitement des problèmes respiratoires et dermatologiques.

On soigne ici son asthme, sa bronchite, sa sinusite, son otite, son eczéma, son psoriasis et, depuis peu, les séquelles post-cancer. Si vous avez tout cela à la fois, inutile de dire que La Bourboule est faite pour vous.

Quant à moi, je veux simplement me mettre dans la peau d'un curiste. Non pas que je tienne à tout prix à connaître les effets d'un psoriasis galopant ou d'une acné abondante, mais je n'ai jamais suivi de cure de ma vie et, depuis deux jours, je ne rêve que de peignoirs et de bains d'eau tiède.

Mon forfait « Découverte » me propose une série de soins appelés « rituels », car ici le thermalisme est à la fois une industrie et une religion. Enveloppé d'un peignoir marron, je suis pris en main par un personnel exclusivement féminin. Telle une petite divinité en claquettes, je suis trimballé de douche en jacuzzi, de bain en salle de vapeur. Mon corps subit mille délicieuses petites tortures. On me fait suffoquer dans un hammam, on me chatouille en me pulvérisant d'eau ferrugineuse, on me transperce de jets d'eau, on me désosse le dos avec d'autres jets (à moins que l'on ne me roue de coups de bâton), on me noie dans un brouillard parfaitement opaque où l'on m'oublie, on me plonge dans une baignoire d'eau tiède, puis on m'offre une tisane en me demandant si tout s'est bien passé.

Je mentirais si je disais que l'expérience est déplaisante. L'« Hydro-Météore bourboulien » (le bain de vapeur) est aussi divertissant qu'une attraction Disney. Quant au reste, ces petites voluptés de salle de bains, ma foi, si c'est bon pour la peau et les bronches…

Les Grands Thermes devaient avoir un charmant décor Belle Époque autrefois. Hélas on a tout modernisé dans les années 1970, avec la réussite que l'on devine. Quant à la robinetterie, elle a pris un petit coup de vieux. Pour avoir un aperçu du luxe des anciennes stations thermales, mieux vaut visiter les thermes de Mont-Dore, à dix minutes d'ici. On croirait la mosquée de Cordoue transformée en piscine municipale. Le regard se perd parmi les arcades et les colonnades, les corniches sculptées et les coupoles multicolores, les fontaines à volutes et les mosaïques. La station elle-même en impose avec son ancien palace surmonté d'un dôme, son funiculaire Belle Époque et ses immeubles en trachy-andésite gris sombre.

La Bourboule fait figure de parent pauvre à côté. Disons qu'elle a connu des jours meilleurs. L'ancienne pâtisserie Rozier, si jolie avec sa devanture toute en mosaïque, est fermée depuis belle lurette. L'Établissement, hôtel incendié en 2008, est planté comme une dent cariée à l'entrée du centre-ville. La télécabine du mont Charlannes ne fonctionne plus depuis 2012. Les pensions de famille ont baissé le rideau et certaines demeures sont envahies par la végétation. Il reste bien l'église néoromane en lave blanche et une poignée de villas farfelues avec leurs toitures compliquées et leur style hétéroclite. Le casino donne le change avec ses mosaïques rehaussées d'or et son décor intérieur de stucs, mais à bien y regarder, tout y est défraîchi et on y retrouve la même clientèle hébétée qu'à Châtel-Guyon.

L'ambiance de fin de saison apporte une touche sinistre aux lieux. Quelle idée, aussi, de séjourner dans une ville d'eau trois jours avant la fermeture des Grands Thermes ! Les autres, ceux de Choussy, sont déjà clos. Me voilà donc, frais et dispos, ragaillardi par ma cure « Découverte », mais totalement désœuvré.

Je découvre un vaste parc où j'erre seul près d'une rivière rigolarde, parmi des séquoias géants et des arbres jaunissants, pareils à des boules d'or. Puis je grimpe en haut de la Roche des Fées, promontoire granitique d'où l'on domine toute La Bourboule. La vue sur la station dans sa petite vallée glacière, bordée de coteaux boisés aux mille teintes automnales, est imprenable.

La nuit tombe, je me réfugie dans l'un des deux seuls restaurants ouverts, le Galapagos. J'y dîne d'une truffade dans un décor de village mexicain en songeant qu'au même instant, à Veracruz ou à Mexico, quelqu'un mange peut-être une tortilla dans un décor de ferme auvergnate.

La Bourboule fut une station mondaine, mais il faut désormais faire un effort d'imagination pour se représenter des sultans, des émirs et des vedettes dans ce décor. Cette clientèle luxueuse fut remplacée au cours des Trente Glorieuses par des colonies d'enfants souffrant d'asthme. La station aurait compté une cinquantaine de maisons d'enfants. On croisait sur le boulevard Clemenceau des cohortes de mouflets encagoulés pour ne pas prendre froid à la sortie des thermes.

La Bourboule fut la plus importante station thermale de France pour enfants. Ce n'est plus le cas. Les petits curistes se font de plus en plus rares en été. De toute façon la saison est passée. Je suis comme un ornithologue qui a raté la migration.

Restent les vers du poète :

*Les enfants forment une ronde*
*Les monos sont jolies*
*Allez suer belles têtes blondes*
*Aux thermes de Choussy*
*Allez soigner à l'arsenic*
*Vos souffles affaiblis*
*L'air est si doux dans la bruyère*
*Au mont Sans-Souci*

C'est Jean-Louis Murat qui le dit de sa belle voix profonde. *Au mont Sans-Souci*, sur l'album *Mustango*, est l'une des plus belles chansons du répertoire français. C'est dire l'importance de La Bourboule. Jean-Louis Murat y est né (il n'habite pas loin) et le mont Sans-Souci se dresse à la sortie de la ville. J'y trouve un centre équestre et une nature un peu décevante. Je préfère me promener à la Banne d'Ordanche, sommité dénudée au-dessus de la vallée.

La brume poussée par le vent de Limagne couvre et découvre l'échine de la montagne. Un troupeau de moutons aux pattes rayées noir et blanc gravit avec moi la pente douce, dans l'herbe peroxydée et la lande rousse. Le son des cloches dans « l'éclat mauve de bruyère » (pour reprendre Murat) et l'apparition fugace des petits puys dans le brouillard donne un aspect fantastique à mon ascension.

Je grelotte un peu car mes affaires n'ont pas eu le temps de sécher. Une heure auparavant, en effet, par le hasard d'un caillou moussu (et donc glissant) posé sous ma semelle, je tombai à la renverse, et tête la première, dans le bassin d'eau chaude d'une forêt entre La Bourboule et le Mont-Dore.

Les gens du coin connaissent bien cette source naturelle cachée au bord de la Dordogne. Elle n'a jamais été exploitée. Les barreaux du petit bunker qui l'abrite ont été sciés, et n'importe qui peut venir s'y tremper librement. Quand je la trouvai, deux baigneurs se délassaient dans une eau brûlante. Le trop-plein de cette piscine naturelle se déverse dans un petit bassin en contrebas, avant de se mêler aux eaux glacées de la Dordogne. C'est dans ce bassin inférieur que je plongeai lamentablement quelques heures seulement après ma cure thermale.

Je ressortis trempé de la tête aux pieds, bien plus mouillé que les deux baigneurs consternés. « C'est ce qui s'appelle prendre les eaux ! » tentai-je de rire.

Plus tard, la brume qui m'enveloppait à la Banne d'Ordanche, là-haut sur la montagne, me rappela mon « Hydro-Météore bourboulien ». Ce soin prodigué par Dame Nature était certes moins confortable que ceux des thermes, mais comme à la source forestière, c'était un soin gratuit.

Et s'il est une région où l'on sait goûter au plaisir de ne rien débourser, c'est bien en Auvergne, non ?

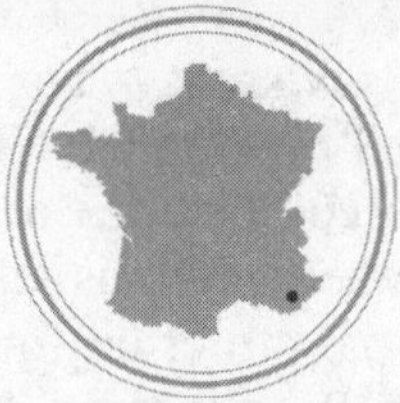

# DRAGUIGNAN

## On dirait le Sud

Une ville du Sud ne devrait rien avoir à faire ici. Tout le monde sait qu'en dessous de Valence, personne n'a le droit de se plaindre. Quand on a la Méditerranée sous le nez, les cigales au fond du jardin et du rosé au frais, on ne crache pas dans la bouillabaisse.

Le village provençal représente la quintessence du Sud avec sa placette ensoleillée et ses parties de pétanque. Les bourgades et les villes méridionales perdent un peu de cette aura au fur et à mesure qu'elles grossissent, mais il faudrait toute la mauvaise foi d'un joueur de cartes à la Pagnol pour contester le charme piquant de Toulouse, l'énergie brouillonne de Marseille, la vitalité de Nice ou l'élégance d'Aix-en-Provence. Même Toulon, qui se trouve moche, a tort de bouder au fond de sa rade.

Dans ce Midi béni des dieux, il faut chercher longtemps avant de trouver le vilain petit canard. J'ai fini par le débusquer : il a des ailes, une queue et il crache du feu. Le dragon est l'emblème de Draguignan… La ville est située dans le département du Var, à une heure de Cannes, de Saint-Tropez et des gorges du Verdon. Sa situation géographique est donc parfaite. Son environnement est ravissant – une campagne harmonieuse où la vigne, l'olivier et le pin parasol poussent en abondance. Les collines des alentours portent sur leurs dos une ribambelle de jolis villages perchés[1], qui ont pour eux de ne pas attirer les foules estivales.

Draguignan fut belle, elle aussi. Un tour rapide dans les rues du vieux centre laisse entrevoir le charme perdu de l'ancienne préfecture du Var : des façades colorées, des placettes ombragées, une motte féodale coiffée d'une tour médiévale, quelques portes de remparts. Le visiteur pressé, voyant cela, s'offrira une pause sur les gradins gazonnés du petit théâtre de verdure, sis au pied de la tour de l'Horloge. Il y jouira d'un beau panorama sur la ville, les toits d'un rose patiné, les collines bosselées avoisinantes, l'entrée des gorges de la Nartuby. Puis il repartira en gardant de Draguignan le souvenir d'une ville du Sud un rien négligée, mais fort plaisante puisque réunissant les principaux ingrédients du folklore méridional.

Seulement je ne suis pas pressé, moi, et comme je m'attarde en ville un peu plus que vingt minutes, les défauts dans la cuirasse du dragon me sautent aux yeux. Les façades ont un air de saleté, les rues manquent de vie, les commerces font grise mine. Je compte dix boutiques fermées sur la place du Marché, plus de magasins de tatouage que de librairies, et plus de kebabs que de restaurants.

---

1. Bargemon la « perle du Haut-Var », Claviers qui s'étire sur son arête rocheuse, Callas presque toscane avec ses cyprès, Tourtour et son panorama à se pâmer, Châteaudouble et ses rues « esquiche-coudes » (si étroites qu'on s'y esquinte les coudes) au-dessus des gorges de la Nartuby.

Une malédiction pèse sur la ville.

Je ne parle pas ici des inondations meurtrières de 2010, qui ont fait 25 morts et 3 disparus[1]. Je parle d'une blessure moins sanglante, mais plus sournoise. Pour mieux comprendre, il faut se rendre devant la sous-préfecture. Voyez-vous ce « sous » insultant sur les grilles ? En 1974, il est décidé de transférer la préfecture du Var de Draguignan vers Toulon. Choc, scandale, colère. Des émeutes éclatent. Rien n'y fait, Draguignan est déclassée. Elle ne s'en est toujours pas remise. Comprenez, la ville a l'administration chevillée au corps. Depuis l'époque des comtes de Provence, c'est une cité de baillis et de sénéchaux, de greffiers et d'avocats, une bourgeoise fière de ses hommes de loi, obstinément assise sur son autorité. Soudain, elle n'est plus rien. Pour la consoler du départ de ses chers fonctionnaires, on lui a trouvé des militaires. L'école d'Application de l'artillerie s'installe ici en 1976, l'école de l'Infanterie en 2010. Draguignan s'est ainsi résignée à devenir une ville de garnison, l'une des plus importantes de France. « Capitale de l'artillerie », tente de fanfaronner un panneau en entrée de ville.

On sait ce qu'on est en droit d'attendre d'une « capitale du nougat » ou d'un « village des peintres », mais que peut-on espérer d'une ville militaire ? La question me taraude un brin, tandis que je balaie du regard le boulevard Clemenceau, jadis appelé cours des Fainéants. Des chibanis y traînent leur ennui et

1. Le 15 juin 2010, Draguignan était dévastée par les flots en crue de la Nartuby, surgis des gorges de Châteaudouble. « Châteaudouble, double château, la rivière sera ton tombeau », avait prédit Nostradamus, qui se trompait de 15 kilomètres.

leur solitude. Ils paraissent toutefois moins fatigués que les jeunes oisifs en survêtement à trois bandes qui sillonnent les rues de la vieille ville d'un pas traînant. Les immeubles des viguiers et des notables d'autrefois accueillent désormais des logements sociaux. Les bourgeois sont partis, les pauvres sont arrivés – et ils restent. Les commerçants essaient de vendre à une population qui n'a pas les moyens d'acheter. Que faire ? Comment empêcher les problèmes de la Courneuve de prospérer au pays des oliviers ? Ainsi s'inquiète le promeneur à l'accent pointu. Il lance des hypothèses, imagine ce qu'il ferait s'il était maire ou préfet ou président de la République. Il voudrait que rien ne vienne altérer la Provence virgilienne chantée par Pagnol, Giono et les huiles Puget.

Draguignan a pourtant un potentiel énorme, comme disent les agents immobiliers. On y voit des demeures cossues, quatre mètres sous plafond, avec génoises et linteaux de porte sculptés. Les vieux hôtels particuliers de la rue de l'Observance affichent de belles couleurs, et les maisons de la Grande-Rue plus encore. La place Roger-Fréani est jolie comme tout, la place aux Herbes tient la route, et le haut de la rue Juiverie est plutôt réussi. Quant à la place du Marché, elle n'attend que les bonnes volontés pour faire renaître ses commerces. « Draguignan, la belle endormie », voilà comment on pourrait tourner la chose…

Reprenons notre balade. Le boulevard Clemenceau a de l'allure avec ses rangées de pins et ses façades à l'aixoise, mais un petit farceur y a placé une verrue en plein milieu, le théâtre. L'édifice de style néoclassique a été bizarrement rhabillé dans les années 1970. Vu de côté, c'est un bunker allemand. Vu de face, on croirait un temple romain encastré dans un carrelage de salle de bains.

Comme la pluie s'invite en ce mardi d'octobre, je me réfugie à l'intérieur du musée d'Art et d'Histoire. La vedette des lieux est un Rembrandt, qui fut dérobé le 14 juillet 1999, puis restitué quinze ans plus tard. *L'Enfant à la bulle de savon* montre un gros gamin joufflu, au sourire vague, l'œil un peu triste, tenant dans sa main une bulle de savon. Tout cela baigne dans le clair-obscur typique du maître hollandais – à moins que ce ne soit un de ses disciples, les spécialistes n'ont pas tranché. En 1983, un adolescent émotif tomba en arrêt devant le tableau. Devenu adulte, il le vola et le cacha chez lui au fond d'un placard. Rongé par le remords, obsédé par cet enfant triste qui tendait un miroir à son âme blessée, il finit par le vendre à des receleurs. On arrêta ces derniers. Le tableau retrouva les cimaises de Draguignan. Quant au kleptomane, il se dénonça à la police, espérant peut-être un châtiment à la hauteur de son crime. Celle-ci ne pouvait plus rien contre lui : le délai de prescription était passé.

Quand on plonge aujourd'hui ses yeux dans *L'Enfant à la bulle de savon*, on songe moins au Rembrandt qu'au vol du Rembrandt. Ce n'est pas tant l'enfant peint qui intéresse que le jeune garçon qu'il fascina au point de vouloir le posséder. Ici s'est cristallisée une obsession. Ici, une vie s'est brisée par la magie noire du clair-obscur.

Le musée possède un autre portrait d'enfant, signé Renoir. *L'Enfant au biscuit* est le portrait raté d'un bambin tenant un cigare à la main – il s'agit en fait d'un biscuit, mais on jurerait un cigare. On n'a nulle envie de le décrocher du mur. Que voit-on d'autre ? Une collection hétéroclite allant du buffet en marqueterie au bronze antiquisant, en passant par un portrait de la comtesse de Provence, qui avait le sourcil épais. « Musé supère bien. Merci c'est très jolies », a écrit Lisa sur le livre d'or.

Le musée des Arts et traditions populaires m'accueille dans ses murs de grosses pierres. Qu'y voit-on ? Des outils agricoles, pardi ! et même des maquettes d'outils agricoles, la taille de l'objet exposé étant inversement proportionnelle à l'ennui qu'elle génère. Je passe devant les presses à olives, élude le démasclage du chêne-liège, fais l'impasse sur la chasse aux grives et ignore allègrement l'arrache-vigne. La muséographie est soignée, les thèmes variés, mais rien ne me retient. Pourtant je reste. J'ai mis les pieds dans une pantoufle et m'y trouve très bien. Il y a quelque chose d'apaisant à visiter un lieu dévolu aux traditions d'autrefois. Toutes ces vieilleries rassurent. Rien ne peut plus vous arriver quand vous observez un tonneau à purin ou un presse-fourrage. Les rivières peuvent déborder, la guerre éclater, le monde imploser, on sera toujours en lieu sûr au musée des Arts et traditions populaires de Draguignan.

Je me penche sur le livre d'or. « C'est un expérience incroyable ! Je vais retourne » signe un Australien. Dédé, « un berger qui n'aime ni le flou ni le loup », chipote sur l'étiquetage des sonnailles (« sur la barre, la plus grosse est un redon, suivi d'une platelle et de deux clavelas »). Une ethnobotaniste du Languedoc râle contre le manque de place laissée à la langue provençale. « Le musée est bien », résume la petite Alice. Je me range à son avis.

Déjeuner sur la place aux Herbes. La brasserie des Mille Colonnes n'en a que deux – le jeu des miroirs est censé les démultiplier à l'infini. Ce café serait le troisième plus vieux de France. Dans les toilettes, on a accroché au mur la page d'un journal de juillet 1950. On y annonce « la jolie fête de la place aux Herbes », avec concours de boules de pétanque, concours de tango (« sous le patronage des meubles Bernal »), mât de cocagne, bal costumé d'enfants, pièce dramatique en trois actes et marathon de valse à 23 h 30. Comme ce devait être charmant ! Sait-on s'amuser ainsi aujourd'hui ? Désormais la place aux Herbes donne sur deux coupe-gorge. Je fais vite demi-tour dans la rue des Chaudronniers et remonte la rue de Trans, qui ne vaut pas mieux. Tous les commerces sont fermés et les trottoirs déserts. Un panneau m'indique la « Maison de la reine Jeanne ». Au fond d'un sombre couloir, un escalier qui sent le salpêtre arbore de vieilles ornementations en stuc. « Architraves décorées », « pilastres cannelés », « porte sous arc en anse de panier avec larmier surmonté d'un oculus obturé », s'emballe le panonceau dans un verbiage délirant. Cette rue fantôme rend folles même les bornes historiques. On y tourne mal et on en sort parfois les pieds devant. D'ailleurs la rue de Trans se termine par un magasin de pompes funèbres.

Le lendemain, la pluie redouble. La parano me guette : et si la catastrophe de juin 2010 se reproduisait ? L'orage tonne et l'eau jaillit de partout, du ciel, des gouttières et des caniveaux. Les rues les plus pentues sont des torrents qu'il faut presque traverser à gué. Ma promenade dans le vieux centre tombe à l'eau, c'est le cas de le dire. Il me faut encore trouver un abri.

J'atteins la Maison du bourreau, derrière la tour de l'Horloge. Cent cinquante personnes furent exécutées devant la porte de ce bâtiment, qui abrite depuis peu un musée de l'Histoire de la Justice. J'entre. Le bourreau de Draguignan vivait ici en famille, à côté de son outil professionnel adoré, la guillotine. Les souvenirs les plus plaisants abondent dans cet endroit. En 1850, le bourreau, pris de boisson, régla mal son engin. Il s'y reprit à plusieurs fois pour hacher le cou de deux bagnards. Plus tard, une guillotine mal entretenue causa bien du tort à « l'exécuteur des hautes œuvres de Justice », qui acheva le condamné (un curé) au couteau. Avec de telles anecdotes, il y aurait de quoi faire ici un gentil petit musée macabre, ou pourquoi pas une Maison de l'humour noir. On a préféré mettre l'accent sur les grands hommes de loi de Draguignan, une brochette d'inconnus dont on n'a que faire et dont on n'apprend rien. La muséographie rappelle un exposé de fin d'année au collège.

L'étage rassemble divers fac-similés d'instruments de torture destinés autrefois à arracher les aveux. Pinces, fouets, masques d'infamie et chaises à clous parlent du temps où séduire une dame pouvait vous coûter d'être noyé de nuit dans la Nartuby, la langue perforée, le corps mutilé. La prison, apprend-on, était très peu utilisée comme peine. C'est tout le contraire aujourd'hui. Draguignan possédait une maison d'arrêt aux dimensions impressionnantes, toujours visible sur la route de Flayosc. Évacuée après les inondations de 2010, elle sera bientôt remplacée par un centre pénitentiaire encore plus grand, sur la route de Lorgues. L'endroit sera charmant. Je le sais, je suis passé devant. Au début, j'ai cru à un vaste programme immobilier. Le panneau montre une résidence entourée de pins parasols, gardée par un rond-point fleuri. Puis j'ai lu « Centre pénitentiaire, 504 places, livraison 2017 ». La future prison s'insérera parfaitement dans la jolie campagne provençale. Ce sont les résidents du coin qui vont être contents.

Jusqu'à présent, je n'ai pas croisé de militaires dans la « capitale de l'artillerie ». Hormis un SDF en pantalon treillis et une librairie spécialisée dans les souvenirs du général Bigeard en Indochine et les fusiliers marins de la France libre, rien ne laisse deviner la vocation militaire de la ville. Où sont les troufions, où sont les galons ? Comme j'erre du côté du théâtre-bunker, une papeterie attire mon attention. Dans la vitrine, un sac à dos camouflage, une machette et des drapeaux français côtoient des Stabilos Boss et des blocs Rhodia. Je pousse la porte. Un parachutiste en tenue camouflage est suspendu au plafond, au-dessus des fournitures scolaires. Deux mannequins en treillis se tiennent debout à côté des cahiers, des classeurs et des crayons de couleur. Au fond, près des ardoises d'écolier : une mitraillette Famas.

« Je peux vous renseigner ? » Le papetier a la carrure d'un commando du Raid. Où suis-je ? Jérôme Birochau, quinze ans d'armée, tient la boutique la plus schizophrène de France. Cet ancien adjudant d'artillerie quitta un beau jour l'armée pour reprendre la Papeterie Dracénoise. Les inondations de 2010 coulèrent son commerce – le papier a horreur de l'eau, à l'exception du buvard. Pour se relancer, le papetier artilleur changea son fusil d'épaule. Les stagiaires des écoles d'Artillerie et de l'Infanterie, venus de la France entière se former à Draguignan, ont besoin de fournitures pour leurs cartes militaires ? Vendons-leur le matériel adéquat : rapporteur-normographe représentant les symboles tactiques, carnets étanches kaki, protège-documents camouflage avec ouverture sur le côté pour empêcher la pluie de ruisseler sur les plans de bataille, boussoles graduées au millième. Une demande en amenant une autre, l'offre s'est étoffée et la papeterie s'est peu à peu transformée en magasin d'équipement militaire, sans pour autant renoncer à sa vocation première. Les deux arrière-salles regorgent de pochettes double grenade, de vestes camouflage, de pantalons treillis, de gilets de combat et de lunettes balistiques. Jérôme Birochau a bien conscience que le mélange des genres peut perturber sa clientèle. Mais, en attendant une possible séparation des deux activités, sa papeterie reste ce lieu unique où l'on peut entrer pour acheter un cartable rose de petite fille et ressortir avec une paire de rangers.

Comme je lui confie que j'aimerais bien savoir à quoi ressemble le quartier des écoles militaires, il propose de m'y emmener. Nous voilà partis pour un petit tour du quartier Bonaparte, à l'est de la ville. Les écoles sont regroupées sur un seul site de 60 hectares. Un grillage protège les différents bâtiments, la tour de commandement, les logements, le gymnase. « Là, ce sont des VAB T2013, là c'est un LRM », commente mon guide dans la langue acronymique des militaires[1]. Plus loin, nous pénétrons dans le camp Bergerol, qui sert de terrain d'exercice. Une rue de village a été reconstituée pour permettre aux fantassins de s'entraîner à la guerre. « Dans ce hangar fermé, une maison a été reconstituée avec des chambres, des pièces et des

1. VAB : véhicule de l'avant blindé ; LRM : lance-roquettes multiple.

couloirs. Les soldats s'exercent à manier le fumigène et à tirer en espace clos. Autrefois ce site tournait à plein régime. » À 30 kilomètres d'ici, le camp de Canjuers offre ses 35 000 hectares à des dizaines de milliers de militaires français et étrangers. Le plus grand champ de tir d'Europe occidentale, pas moins. Un terrain de jeu formidable pour les chars Leclerc. Draguignan est bien la capitale de l'artillerie. Une Sparte provençale. Même les papetiers savent combattre.

Le site des écoles militaires abrite un musée de l'Artillerie, qui abrite de la pluie. Son entrée est gratuite (comme le musée d'Art et d'Histoire et le musée de la Justice) et les commentaires laissés sur le livre d'or dithyrambiques – Draguignan a le meilleur public de musées du monde. Entrons donc. Que voyons-nous ? Essentiellement des projectiles : boulets, obus, fusées, douilles de grosse Bertha, missiles Hawk. Et des lance-projectiles. Canons, mortiers, fusils mitrailleurs. Tous ces fûts de canon m'indiffèrent. Chacun ses goûts : « Je fus ébloui par une culasse de 75 ouverte en plein soleil, magie de lumière sur le métal blanc… Elle m'en a plus appris pour mon évolution plastique que tous les musées du monde. » C'est signé du peintre Fernand Léger. Et moi qui bâille devant un canon sur roues !

Je n'en ai pas fini avec la Draguignan militaire. Il me faut encore aller au cimetière américain, le plus important du sud de la France. Alignement de croix blanches sur un tapis vert : 861 soldats ayant participé au débarquement de Provence ont ici une sépulture. De l'autre côté de la route, un pôle culturel flambant neuf domine le quartier Chabran. Une promenade plantée toute pimpante déroule ses pelouses et ses allées ombragées jusqu'à un cinéma multiplexe. D'anciennes casernes rectangulaires, alignées en rangs d'oignons, ont été repeintes de couleurs ocre, rénovées et transformées en jolis appartements ou en pépinières d'entreprises. Tout cela est neuf et doit encore faire ses preuves, mais voilà qui donne foi en l'avenir. Si on a réussi à redonner vie à une friche militaire, pourquoi ne pourrait-on pas faire renaître le centre-ville ?

On ne dit pas assez combien le Sud est moche sous la pluie. La région est taillée pour le soleil. Son charme se délite à la première goutte. Les pinèdes prennent un air piteux, les villages les plus souriants deviennent lugubres, le littoral est à pleurer. Je n'ai pas eu de chance avec Draguignan. Un peu de soleil aurait atténué sa grisaille et adouci mon humeur.

Il faut justement que je décide de quitter la ville pour que le soleil réapparaisse. Mais à peine ai-je démarré que le ciel bleu tonne. Est-ce encore le tonnerre qui gronde ? Non, c'est juste l'armée qui procède à des tirs d'artillerie sur le plateau de Canjuers. Je m'arrête à Trans-en-Provence, premier village au sud de Draguignan. La Nartuby a creusé ici de vraies petites gorges. Elle tombe en cascades au beau milieu du village. L'effet produit est assez incongru. Au bord de l'eau, les façades en ruine, envahies de figuiers sauvages, donnent une impression d'abandon, comme si l'homme avait baissé les bras face aux colères de la rivière. Le village a bien sûr subi les inondations de 2010.

Ironie du sort, c'est le manque d'eau qui scella le sort du puits aérien de Trans-en-Provence. On déniche ce curieux édifice dans les hauteurs du village, au milieu d'une zone résidentielle. C'est une cloche de pierre d'une dizaine de mètres de haut, qui évoque un mausolée africain quand on pénètre à l'intérieur. Imaginé en 1931 par un ingénieur belge, l'ouvrage était censé condenser l'humidité nocturne. L'eau de la rosée, captée grâce à des milliers d'ailettes en ardoise, devait perler jusqu'à une gouttière avant d'être récupérée dans une citerne à la base de la tour. Le puits avait pour but de pallier les problèmes de sécheresse ; il ne permit de recueillir que quelques seaux d'eau. Désormais il dresse sa grosse masse inutile au bord d'une route. Personne n'y fait plus attention.

Je passerai sur le reste de la journée, qui m'amena à Bargemon, Châteaudouble et Tourtour. La Dracénie, ainsi que l'on nomme le pays de Draguignan, est un rêve de Provence et cet ouvrage n'a pas vocation à chanter avec les cigales. Ce qui m'intéresse, on l'a compris, est d'explorer la face sombre du Sud. Pas seulement celle des rues crapoteuses et des immeubles moribonds, dont Draguignan n'a pas le monopole – Marseille, Toulon ou Avignon en comptent bien plus, et je ne parlerai pas de Brignoles, dont tout le monde ici m'a dit qu'elle raflait la mise. On peut aussi déprimer sec sur la Côte d'Azur. Il suffit de se retrouver coincé dans les embouteillages entre Sainte-Maxime et Saint-Tropez. De vouloir trouver un coin de sable au mois d'août. De voir défiler les résidences bétonnées et les liners lézardés que les piscinistes exposent à la verticale en bord de route. De visiter Cannes juste après le Festival. De manger une salade niçoise à Nice.

Même Saint-Tropez vaut son pesant de Prozac. En saison, c'est un parc d'attractions clinquant et bondé. Hors saison, c'est pire. Les plages sont sales et fatiguées, les hôtels fermés, les commerçants hagards. On croise des Russes égarés dans les ruelles vides avec leurs sacs Dior, et des yachts de second rang dans le port sans vie. Le village paraît vivre sous respiration artificielle. Tout compte fait, on est content de rentrer à Draguignan. La cité du dragon ne pète pas le feu (elle le crachote à peine), mais au moins a-t-elle le mérite de ne pas baisser le rideau en hiver.

Dernier jour à Draguignan.

Les passants sont effrayants, les enfants ont l'air cadavérique : la ville fête Halloween. C'est aussi incongru qu'un aïoli à Dublin, mais je préfère encore des rues pleines de zombies qu'un centre-ville fantôme. De toute façon Draguignan n'est pas faite pour les dépliants touristiques. Quand elle s'y efforce, cela donne la place des Comtes-de-Provence, une placette trop provençale pour être honnête avec ses façades tartinées à la tapenade, son pressoir et sa meule à broyer les olives. Personne n'y vient jamais. Draguignan a bien des défauts, mais certainement pas celui d'être factice.

Avant de prendre le train, je fais un tour au salon Autour du vin, dans le quartier Chabran. Les petits producteurs de la région ont sorti leurs meilleures bouteilles, leurs plus jolis pots de confiture, leurs plus précieuses huiles d'olive, et présentent tout cela avec le sourire derrière leurs stands. Me voilà en pays de cocagne. Le rosé coule à flots, la vendeuse de confitures de tomates vertes est gironde, les viticulteurs bavards et chaleureux. Des chefs toqués s'agitent aux fourneaux tandis qu'ici et là, chacun tente de déceler les subtils arômes d'herbe coupée d'une huile d'olive grand cru. Un vinaigrier vend ses flacons comme des élixirs d'amour. Son vinaigre aux six aromates est un délice. J'en remplis mon sac. J'achète aussi de l'huile d'olive pressée dans un moulin du XIIIe siècle, du rosé à un couple charmant qui me parle du bonheur de tailler les ceps à 5 heures du matin, et bien d'autres produits – je ne sais plus, j'ai la tête qui tourne. On a tort de bouder les salons du vin et les foires à la saucisse. C'est là qu'on s'amuse le plus et qu'on se remplit la panse. C'est surtout là que l'on met des visages sur un terroir, une région. Ceux d'ici sont francs et sans esbroufe – on n'est pas sur la côte. Il faudra revenir s'y réchauffer.

Le salon ferme, mon train ne va pas tarder. Draguignan et moi nous quittons bons amis. J'y aurai rencontré un papetier militaire, un vinaigrier chic, des chibanis solitaires et un *Enfant à la bulle de savon*. Ce n'est pas la Provence que j'attendais. Mais désormais c'est celle que je connais le mieux.

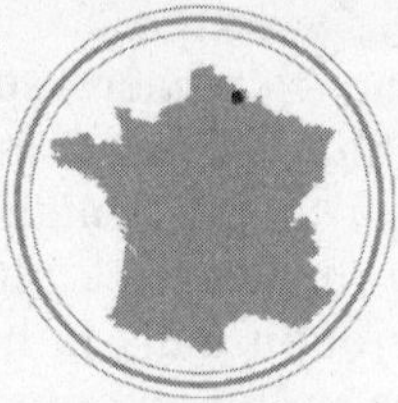

# MAUBEUGE

## Éclair de lune à Maubeuge

Maubeuge est une rue de Paris et une chanson de Bourvil. Il paraît que c'est aussi une ville.

Son nom n'est guère engageant. Maubeuge, ça pèse des tonnes, c'est lourd et collant comme la glaise, traînant et plaintif comme le mugissement d'une vache. Maubeuge, ça sent l'étable et le fumier.

La ville est presque collée à la frontière belge, dans ce coin du Nord rural qui n'a même pas les terrils pour s'attirer un peu de sympathie – ou de pitié. Lille mise à part, les villes du Nord-Pas-de-Calais souffrent d'une réputation épouvantable. On leur reproche d'être tristes, pauvres et pluvieuses.

Ce n'est pas entièrement faux, mais Lens a tout de même son Louvre, Dunkerque son carnaval, Roubaix sa course de vélo, Arras sa Grand-Place, et Cambrai ses bêtises. Même Tourcoing a son musée des Beaux-arts (MUba).

Maubeuge, elle, n'a rien. Si : un clair de lune ! Mais Bourvil s'en moque, comme Brel se moque de Vesoul ou de Vierzon. Dans son rôle d'idiot du village, l'humoriste normand ironise sur le « doux soleil de Tourcoing », une « croisière sur la Meuse », des « vacances au Kremlin-Bicêtre », mais c'est le clair de lune à Maubeuge qui suscite l'hilarité du public depuis 1962. La France en rit encore et, plus de cinquante ans après, Maubeuge croupit dans la honte, une honte de cousine de province qu'une moquerie lancée à la cantonade a complexée à jamais.

Le pire, dans toute cette affaire, c'est que personne n'a jamais pris le soin de le regarder, ce fameux clair de lune. Qu'a-t-il de si drôle ? Faut-il le laisser jeter l'opprobre sur toute une ville ? Il me fallait le voir de mes propres yeux. C'est ainsi qu'un matin de novembre, je montai dans le train de 7 h 19 en direction du ch'Nord.

Les plaines de Picardie ne sont mornes et monotones que pour mieux préparer le visiteur à ce qui l'attend dans le Nord. Sitôt la frontière franchie, un rideau de pluie s'abat sur la campagne, noyant le paysage sous des trombes d'eau. Dany Boon n'a rien exagéré et il faut cesser de prendre *Bienvenue chez les Ch'tis* pour une comédie populaire – il s'agit bien d'un documentaire des plus rigoureux sur la pluviométrie dans le nord de la France.

La pluie redouble à Aulnoye-Aymeries. Je vois tant d'eau tomber que je me sens trempé. Bientôt, c'est Maubeuge. Un crachin m'accompagne jusqu'à l'hôtel où je pose mes valises. Je ressors aussitôt pour explorer la ville.

L'habitat se résume à des immeubles en brique rouge, qui évoquent de grosses boîtes à chaussures qu'on a posées debout ou à plat. La brique n'a pas la belle patine des villes de Flandre, elle est récente. C'est que Maubeuge est une ville d'après-guerre. Les Allemands l'ont généreusement bombardée en mai 1940 – son centre-ville a été détruit à plus de 90 %. On a confié à l'architecte André Lurçat, frère du célèbre artiste tapissier Jean Lurçat, le soin de rebâtir. Communiste convaincu, Lurçat a tenu à effacer les inégalités sociales en logeant tout le monde à la même enseigne : le Maubeugeois habitera un appartement fonctionnel dans un bâtiment de taille moyenne. Un programme beau et soviétique, gai comme une virée en RDA.

Poursuivons. Les immeubles encadrent des places réduites à la seule fonction de parking. La Sambre, qui coupe la ville en deux, a été canalisée. Une écluse rappelle son rôle d'axe fluvial, mais j'apprends que le canal reliant la Sambre à l'Oise est fermé à la navigation depuis 2006. La rivière inutile et muselée n'a qu'une hâte, s'enfuir vers la Belgique toute proche.

Je remonte une rue et tombe bientôt sur la porte de Mons, le principal vestige des fortifications de Vauban. Sur mon plan, la porte de Mons indique l'extrémité nord du cœur de ville. J'ai donc traversé le centre de Maubeuge sans m'en rendre compte. Il est 10 heures du matin et je ne repars que le surlendemain, en fin de journée. Une sensation de vertige m'envahit. Maubeuge, ma petite, qu'allons-nous bien pouvoir faire de ces trois jours ?

Tel un poisson rouge dans un bocal, je fais demi-tour et entreprends de découvrir les merveilles cachées de mon aquarium. Les immeubles bas et sans charme dissimulent quelques curiosités. Ici, un béguinage sorti du XVIe siècle : sept maisonnettes étroites et une modeste chapelle de brique où priaient de vieilles bigotes.

Plus loin, un grand pensionnat au charme austère. C'est ici que sainte Aldegonde, la fondatrice et sainte patronne de la ville, fonda son cloître au VIIe siècle. Tout à côté, la chapelle des Sœurs-Noires déroule ses volutes baroques en pierre bleue sur fond de brique. Cette pierre vient de l'Avesnois, le petit pays au sud de Maubeuge, et j'aime immédiatement ses doux reflets bleutés. La chapelle s'insère parfaitement dans l'ensemble de la Joyeuse, comme on a ironiquement baptisé ces immeubles de brique et de béton pourtant peu pourvoyeurs de joie.

Les commerces sont rares. Je ne vois partout que des mutuelles, des agences d'assurance et des boîtes d'intérim, sans parler des baux à céder et des magasins de hard-discount qui sont le lot des petites villes de France.

Le mail de Sambre achève de me démoraliser. Ce front d'immeubles de trois étages privés de décors côtoie la Sambre sans avoir rien à lui dire. Les commerces au rez-de-chaussée sont à louer ou à vendre. Qu'est-ce qui n'a pas marché ici ? Il y a pourtant la rivière, et des platanes sur le quai. André Lurçat avait sûrement imaginé un lieu animé, plein de vie. Personne ne songe désormais à se promener ici.

Derrière le mail de Sambre, la rue de l'Hospice-Saint-Nicolas décroche la palme de la déprime. Béton sale, balcons rouillés et poubelles en vrac. De l'autre côté de la rue pourtant, quelques jolies maisons épargnées par les bombardements montrent ce qu'on aurait pu faire de bien avec de la brique ancienne et de la pierre bleue.

Terminons notre tour. Un escalier en pierre, la Grande Grimpette, m'emmène devant un ancien collège de Jésuites. La chapelle attenante, qui renferme la salle Sthrau de style Arts déco, est fermée et délabrée.

Au bout de la rue, l'église Saint-Pierre-Saint-Paul dresse son clocher en béton armé et pavés de verre. On dirait un beffroi ou la tour de séchage d'une caserne de pompiers. La mosaïque du porche est signée Jean Lurçat – hélas, je n'aime pas ses soleils, ses étoiles et ses motifs hérissés de pointes. L'intérieur doit être intéressant, mais l'église est fermée. Comme la salle Sthrau. Comme le béguinage. Comme la chapelle des Sœurs-Noires. Comme l'arsenal[1]. Je visite une ville fantôme, une ville absente d'elle-même. Une ville par intérim, comme me le rappellent toutes les agences d'emploi que je trouve sur mon chemin.

Il me faut rencontrer quelqu'un. J'ai justement rendez-vous avec Nordine.

Nordine, la trentaine, travaille dans une boucherie halal de la banlieue de Maubeuge. C'est en surfant sur Internet que je suis tombé sur lui. Le site Couchsurfing met en lien des personnes cherchant un hébergement gratuit avec des personnes prêtes à proposer leur canapé pour une nuit ou deux. Voilà un bon moyen de rencontrer des gens sur place, pensai-je. Je fis trois demandes, toutes rejetées. C'est alors que je tombai sur le profil de Nordine. Un fan de Confucius, de jazz et surtout des fortifications de Vauban. Intrigué, j'entrais en contact avec lui. Entre-temps, j'avais trouvé une chambre d'hôtel près de la gare.

Nous nous retrouvons dans un restaurant. Nordine, qu'on se le dise, aime les fortifications de Vauban.

1. L'ancien arsenal de Vauban fut un temps pressenti pour accueillir une annexe du Centre Pompidou en 2015. Cette année-là, Maubeuge devait être la capitale régionale de la culture. Rien de tout cela n'advint pour des raisons politiques. Maubeuge ne fut pas capitale, et l'ancien arsenal de Vauban reste une coquille vide.

Évoquer Neuf-Brisach[1] allume des étoiles dans ses yeux. Son travail à la boucherie lui laisse peu de temps pour voyager, mais lorsque l'Unesco a classé les fortifications de Vauban en 2008, il a entrepris un tour de France des forts érigés par le grand architecte militaire, le roi des bastions, le priapique de la fortif : La Hougue, Camaret, Saint-Martin-de-Ré, Fort-Médoc, Villefranche-de-Conflent, Besançon… À cette occasion, il a fait l'expérience du *couchsurfing* et a même pratiqué le *woofing* du côté de Perpignan. Grâce à Vauban, les rencontres se sont succédé et son horizon s'est élargi.

Nordine m'emmène sur les remparts. Double fossé, demi-lune, bastions, tenaille, cavalier, contre-mine, courtine, contrescarpe… Les techniques de défense militaire sont nombreuses et leur articulation complexe. Mon guide, qui a l'esprit matheux, n'aime rien tant que la géométrie des fortifications. « Tous les jours, le bus qui m'emmenait au lycée passait devant le fossé à sec. Je suis tombé amoureux des murs droits, du plan en forme d'étoile, de la pente des glacis… Toute cette précision ! Et à une si grande échelle ! C'est magnifique ! ».

Nous sommes seuls à nous promener au creux du fossé de dix mètres de profondeur. Le corps de garde est fermé.

« Dommage, il y a un très beau plan-relief de Maubeuge à l'intérieur », regrette mon hôte.

Force est de reconnaître que le site des fortifications est à la fois saisissant et agréable, les glacis herbeux formant une couronne de verdure dans la partie haute de la ville. Les remparts n'ont jamais servi, mais ont

1. Cette citadelle située en Alsace est considérée comme le chef-d'œuvre de Vauban.

joué un rôle de dissuasion. Une partie d'entre eux furent détruits en 1940 et il fut question de les raser entièrement au lendemain de la guerre pour faire place nette à la ville nouvelle. Lurçat s'y opposa et il fit bien : que serait devenu Nordine sans eux ?

Comme tout ou presque est fermé en ville, l'office de tourisme accepte volontiers de me faire visiter la salle Sthrau. Nordine m'accompagne.

La chapelle délabrée devant laquelle je suis passée un peu plus tôt abrite deux salles des fêtes de la fin des années 1920. L'escalier monumental est vétuste, la peinture s'écaille, les fresques sont abîmées, mais tout cela ne parvient pas à altérer l'élégance Arts déco des lieux. Nous découvrons, ébahis, le dôme en vitrail peint, les ferronneries, les candélabres, les allégories gravées dans les murs et enfin à l'étage, le saint des saints : la salle de bal. Une voûte elliptique, tapissée de caissons en nid-d'abeilles, se termine en cul-de-four. C'est surprenant et raffiné. On se croirait à l'intérieur d'une ruche abandonnée.

Des masques en fer forgé ornent la rambarde de la galerie qui court au-dessus du parquet de danse. Le jeu des formes géométriques enchante Nordine. La salle Sthrau est fermée au public depuis 1998. Des projets de restauration sont bien dans les tuyaux, mais les tuyaux sont percés et le plombier tarde à venir. Il faudra des années avant que les Maubeugeois puissent découvrir leur plus beau trésor. Nordine me quitte, il doit donner des cours de maths ou jouer au badminton à Lille, je ne sais plus. Son enthousiasme m'a requinqué.

La nuit tombe déjà. Maubeuge a la vie nocturne de Vesoul ou de Pluton, mais on donne un spectacle de danse hip-hop à la Luna. Cette salle de spectacle dépend du Manège, scène nationale à la programmation exigeante et qualitative. *Pixel*, du chorégraphe Mourad Merzouki, fait évoluer des danseurs de hip-hop sur fond d'images numériques. Le spectacle est stupéfiant de beauté, d'inventivité, de sensibilité. Les danseurs se contorsionnent, glissent, roulent, jouent avec les pluies de pixels lumineux tombés du ciel par la magie d'effets visuels déconcertants. Débarrassé de ses tics et de ses postures, le hip-hop sort de la rue et se mêle aux étoiles. Lorsque les lumières se rallument, le public ovationne la troupe.

Bien sûr, ce spectacle est joué partout en France et il ne raconte rien sur Maubeuge, mais c'est là que je l'ai vu et désormais les deux seront pour moi associés à jamais. On ne juge pas seulement une ville par la qualité de son patrimoine ou de ses espaces verts, mais par une foule de ressentis liés à des détails anodins : une poubelle renversée en pleine rue, le sourire d'une passante, une mauvaise toux attrapée sur une place ventée, le pain trop sec au restaurant. Une bonne séance de cinéma peut sauver un séjour. *Pixel* clôt en beauté mon premier jour à Maubeuge.

Le lendemain sur la place de Wattignies, je pense encore au spectacle. Je vois des pixels partout. Ces voitures qui encombrent toute la place : pixels. Ces immeubles empilés les uns à côté des autres : pixels. Ces briques, ces moellons de pierre bleue : pixels de pixels. Tout est pixel, j'en ai les yeux qui piquent.

Ce deuxième jour est placé sous le signe de la bienveillance. J'entrevois un peu de lumière dans la grisaille de la reconstruction. Rue des Arts, des immeubles arborent de belles lignes Arts déco. Sur la place de la

Concorde, les traits droits des cages d'escaliers, les toits-terrasses, les balcons saillants, les fenêtres-hublots ont de l'allure, pour peu qu'on fasse abstraction des voitures qui encombrent la place. Si l'on aime l'architecture fonctionnaliste ou le Bauhaus, on doit aimer Maubeuge.

Hélas tel n'est pas le cas des habitants, qui ne goûtent guère l'élégance du béton armé. Les autorités municipales s'en désolent : « Lurçat n'a pas été compris. » Elles aimeraient que les habitants cessent de prendre du gris pour de la grisaille. Elles lorgnent sur Le Havre, la bonne élève, adulée par les experts en urbanisme, classée au patrimoine mondial de l'Unesco depuis 2005. Mais une ville est-elle vraiment réussie quand il faut l'expliquer à ses habitants ? Ces derniers ne sont-ils pas censés s'y trouver à leur aise naturellement ? Explique-t-on Paris aux Parisiens ? Besançon aux Bisontins ? Nîmes aux Nîmois ? Maubeuge est-elle comme ces œuvres conceptuelles ratées, incompréhensibles sans un travail de médiation, illisibles sans les intentions de leur auteur ?

Je retourne me promener sur les fortifications de Vauban. Le soleil apparaît enfin dans un coin de ciel bleu. Qu'il est émouvant, ce bleu clair du Nord ! Qu'il est pur et précieux ! Il vous réchauffe le cœur, vous donne des envies de Flandre et de septentrion, des envies de gaufres à Bruges et de courses sur la plage à Ostende. Rien à voir avec le bleu omniprésent du Sud, ce fond d'écran qu'on regarde à peine.

Je chemine entre de hauts talus jalonnés d'ouvrages cachés. Il y a des passages couverts et des portes mystérieuses, des escaliers qui s'enfoncent sous terre et des cheminées qui en ressortent. Une mystérieuse cité troglodytique semble dormir sous l'épais tapis herbeux qui recouvre tout, formant un environnement caressant et moelleux, tout en courbes et en rondeurs.

J'aperçois soudain des sortes de lamas sur un bastion. C'est le zoo de Maubeuge. J'en longe les grilles, salue deux girafes et quelques gibbons. Les portes sont fermées, mais un panneau à l'extérieur m'apprend qu'une foule d'animaux vit ici. Parmi eux, le watussi, le potamochère, le coati, le sitatunga, le capybara. Je relis ces noms. Ces bestioles me sont toutes inconnues. Certaines donnent l'impression de sortir de l'imagination du directeur du zoo, une sorte de savant fou qui doit s'amuser à créer des espèces nouvelles en croisant des phacochères avec des lémuriens, des zébus avec des perroquets. Toujours est-il qu'ici, le maki vari n'est pas le nom d'un plat japonais. Avant de repartir, je tombe en pâmoison devant quatre canards, qui pataugent dans une mare à droite de l'entrée. Leurs plumes mordorées, bleu, vert, noir et blanc les font ressembler à des tableaux cubistes ou à des pièces de marqueterie. On devrait visiter les zoos fermés plus souvent.

Je rejoins les étangs Monier et Vieille-Sambre, de l'autre côté du centre. Pour défendre la ville, Vauban canalisa l'ancien cours d'eau de la Sambre. Sans le vouloir, il fit œuvre de paysagiste et dessina une agréable promenade plantée autour des deux étangs, même si l'architecture militaire bastionnée apporte aujourd'hui une touche austère au lieu. Y eut-il une importante garnison ici ? Désormais seuls les pêcheurs occupent les lieux. Une petite île leur est réservée. Il faut bien se défendre contre les goujons.

Je déniche une friterie pour mon déjeuner. Une virée dans le Nord serait incomplète sans un casse-croûte dans un de ces temples du graillon. Quelques bouchées suffisent à me faire une opinion. Ma fricadelle est grise et fripée, mon cervelas a le goût d'un matelas en mousse, les frites sont grasses et pour couronner le tout, l'immonde bande FM rugit dans les enceintes. Pourquoi tant de haine ? Pourquoi s'infliger pareil châtiment ? Une personne mérite-t-elle d'avaler des saucisses dégénérées en écoutant un vieux tube des années 1980 ?

Heureusement, je trouve un peu de réconfort dans les cafés de Maubeuge. La Rotonde, sur la place Vauban, supporte le RC Lens et présente une belle collection de cartes postales paillardes. En face, l'Excelsior permet de regarder la pluie tomber dans un cadre chaleureux, tout en bois. Je croque un sablé en forme de clair de lune à la pâtisserie Dereume. C'est déjà ça.

Réchauffé, je prends la route de l'Avesnois. Assez de ville, place à la campagne !

Le bourg d'Avesnes-sur-Helpe est plaisant avec ses vieilles demeures en brique et en pierre bleue. Maubeuge devait peu ou prou ressembler à ça avant les bombardements. Je me sens un peu vache d'inspecter la région par ce vilain mois d'automne – novembre n'est flatteur pour aucun paysage. Pourtant les environs du lac du Val-Joly s'en sortent avec les honneurs.

Vers Moustier-en-Fagne, la route ondule sur les premiers contreforts des Ardennes. C'est le pays des bocages et des fagnes, ces marais tourbeux qui coiffent le sommet des collines.

À Wallers-en-Fagne, la pierre bleue a pris le dessus sur la brique. Je devine au loin un immense promontoire à contre-jour. Est-ce un terril ? Je me dirige bientôt au sommet de la colline grise. Un « sentier panoramique » me conduit au bord d'un gigantesque gouffre sillonné de camions, de bulldozers et de pelleteuses. La pierre bleue de Maubeuge vient donc d'ici ! Rien, dans ce pays à peine vallonné, ne prépare au spectacle grandiose de ce vaste canyon gris. La carrière avoisine les 150 mètres de haut et couvre près de 200 hectares. On en extrait deux millions de tonnes de pierre par an. Un panneau sur la biodiversité des lieux m'apprend que certaines espèces animales habitent la carrière, comme la « libellule déprimée ». Je lance ici un appel pour que le zoo de Maubeuge lui ouvre ses portes, à elle ainsi qu'à tous les insectes démoralisés du Nord.

Comme la fin du jour se profile, je file dare-dare vers le bassin minier de Valenciennes. De quoi aurais-je l'air si je rentrais sans avoir vu un seul terril ni un seul coron ?

De Wallers-en-Fagne je rejoins Wallers-Arenberg, à 55 kilomètres à l'ouest de Maubeuge. Les trois chevalements de la fosse Arenberg surgissent au loin dans la campagne rase. Les derniers feux du soleil embrasent cette carte postale minière. C'est dans le Valenciennois que l'on donna les premiers coups de pioche de toute l'histoire du charbon du Nord-Pas-de-Calais. Et c'est à Arenberg que fut tourné *Germinal*, le film de Claude Berri, tiré du roman d'Émile Zola.

Les grands bâtiments de brique rouge abritent depuis peu un ambitieux centre de création cinématographique. « Ça vient d'être inauguré ! » m'apprend-on au Puits n° 3, l'estaminet de la place principale. Une poignée d'habitués commentent les vertus du beaujolais nouveau, m'offrant quelques jolies brèves de comptoir dans un accent ch'ti à couper au couteau :

— Les Anglais ont toujours voulu être insulaires.

— Tu laisses faire les religions, y a plus de bière !

— Changer de marque de bière, c'est pas anodin, c'est comme passer de l'essence au diesel.

Chaque personne qui rentre salue les copains et me serre la main au passage.

Dans la peau de l'aviné passif, je laisse un pilier de zinc féru d'histoire m'expliquer quelque chose sur Paris-Roubaix, ce qui l'amène à évoquer en vrac les bières d'abbaye, Marie Stuart, le tunnel sous la Manche et Charles Quint. Il fait nuit noire lorsque je quitte le bistrot. Les cités de corons n'ont pas l'air si lugubre, elles ont même quelque chose de mignon et de douillet avec leurs façades à touche-touche pour se tenir chaud. Certaines évoquent des maisons en pain d'épices, même si c'est du pain noir que l'on mangea ici au siècle dernier.

La trouée d'Arenberg, célèbre portion de route pavée empruntée par les cyclistes du Paris-Roubaix, est à la sortie du village. J'éclaire aux phares les pavés les plus disjoints, les plus glissants, les plus traîtres du monde. Avant de regagner mes pénates, je passe par Valenciennes, qui faillit avoir les honneurs de ce chapitre à la place de Maubeuge. J'imaginais une ville grise et sinistre. Je découvre un bel hôtel de ville néo-Renaissance, des maisons à pans de bois, des rues anciennes, des restaurants et des bistrots accueillants, une haute flèche moderne sur la place d'Armes… Ce Nord-là a de l'allure, quoi qu'on en dise. D'ailleurs tout le bassin minier du Nord-Pas-de-Calais est inscrit à l'Unesco depuis 2012. Il n'y a que ma chère

Maubeuge qui reste à l'écart. Personne ne lui donne jamais aucun prix.

Je ne suis pas venu faire de l'astronomie en pays minier, mais j'aimerais tout de même bien le voir, ce clair de lune à Maubeuge. C'est mon dernier soir, ma dernière chance. Le ciel chargé de nuages ne me laisse pas beaucoup d'espoir et je me sens bête comme Bourvil à lever la tête vers rien, au milieu du parking de la place des Arts. Dix minutes que je poireaute et toujours ce ciel d'un noir d'encre. Je suis sur le point d'abandonner quand soudain une trouée dans les nuages dévoile un pan du disque blanc tant attendu. À peine l'ai-je vu qu'il disparaît aussitôt, avalé par les nuages.

La lune s'est montrée. À présent elle se retire dans ses hauteurs célestes. Tel l'admirateur un peu niais d'une *prima donna* hautaine, je reste encore un long moment sur la place, espérant un dernier signe de la main. Je n'aurai rien.

On a tort de se gausser : un clair de lune à Maubeuge, ça n'est pas rien. Les cerisiers du Japon fleurissent à chaque printemps, le geyser de Yellowstone crache son eau toutes les 90 minutes, les chutes du Niagara s'écoulent 24 heures sur 24, mais le clair de lune à Maubeuge, lui, ne se donne pas comme ça. Il n'apparaît qu'à sa guise, avec l'irrégularité d'une vedette capricieuse. Il n'en a que plus de prix. Le passage fugace de la lune dans le ciel de Maubeuge aura toujours plus de valeur qu'un énième soleil couchant à Hawaï. Ou à Valenciennes.

Pour mon dernier jour, je m'offre une virée en Belgique. Mons est située à 17 kilomètres au nord de

Maubeuge. Les deux villes ont été fondées par deux sœurs mérovingiennes, deux saintes : sainte Waudru à Mons, sainte Aldegonde à Maubeuge. La première est honorée en grandes pompes lors de la ducasse de Mons (ou Doudou), une grande fête ancestrale reconnue comme chef-d'œuvre du patrimoine oral et immatériel de l'humanité par l'Unesco – mais qu'est-ce qui aujourd'hui ne l'est pas ? La seconde, sainte Aldegonde, est invisible à Maubeuge : on ne peut même pas voir le reliquaire de son voile à l'église, puisque celle-ci est fermée.

Mons a pris le dessus sur sa petite sœur française. C'est une ville bourgeoise et administrative, un rien ennuyeuse malgré son statut de capitale européenne de la culture en 2015. Les rues pavées, les pignons en escalier, le puissant beffroi qui carillonne gaiement, la collégiale Sainte-Waudru, la Grand-Place… N'en jetez plus, Maubeuge ne peut rivaliser.

Deux heures après mon arrivée, je finis pourtant par tourner en rond dans le vieux centre de Mons. Il pleut et je me morfonds. J'ai envie de rentrer. Quelques minutes plus tard, je repasse la frontière. Quelle zone ! Des maisons grises en bord de route, un ou deux casinos cafardeux, des poids lourds garés sur le bas-côté… On ne sait pas si on est encore Belgique ou déjà en France. On est à coup sûr chez Simenon ou dans quelque vieil épisode du magazine documentaire « Strip-tease ».

Retour à Maubeuge. Je rencontre Stéphane, un rappeur de Feignies, petit village français au nord de la ville. Son groupe s'appelle Feini-X Crew. Il travaille également à Secteur 7, une association culturelle qui promeut la culture urbaine dans le val de Sambre. « Maubeuge, ça n'est pas le ghetto, mais on a des quartiers malfamés, en tout cas qui ont mauvaise réputation. Rejeter Maubeuge, c'est une vieille tradition qui remonte à Bourvil. Sur notre chanson, *Malbo#*, je dis : "C'était sûrement un vendredi 13 qu'on a créé Malbo#." » Malbo-dièse fait référence à Malbodium, le nom d'origine de la cité fondée par sainte Aldegonde. Heureusement que Feini-X Crew est là pour se souvenir du passé de la ville. Aldegonde se sent moins seule.

Je demande à Stéphane ce qu'il pense du cœur de ville moribond. « Il faut que tu ailles au centre commercial Auchan Val-de-Sambre. C'est un aspirateur. Le centre-ville de Maubeuge, c'est là-bas ! » Le prenant au mot, je file voir. Conforama, Norauto, Kiabi, Leroy Merlin me font une haie d'honneur, mais c'est l'hypermarché Auchan qui se taille la part du lion. Un immense parking, des allées interminables, un manège pour enfants, un programme d'animations riche et varié (clown ambulant, jongleur, musiciens), une bijouterie, un magasin de lingerie, un maroquinier, un traiteur… Maubeuge est vide, mais ici c'est l'affluence. Les allées sont pleines. Nous sommes en plein milieu de semaine.

Je quitte Auchanville. Dans le train pour Paris, je suis seul dans mon compartiment. Si quelqu'un entrait et me demandait ce que je pense de Maubeuge, je serais bien ennuyé.

Est-ce beau ? Non.

Est-ce vivant ? Non.

Est-ce triste ? Assez.

Faut-il y aller ? Oui.

Pourquoi ? Parce qu'on y voit des spectacles d'envergure nationale. Parce que des gibbons s'amusent dans du Vauban. Parce que les bombes allemandes ont oublié une salle de bal. Parce que la lumière du Nord vous inonde d'une joie mélancolique.

Parce qu'elle n'attend que ça, Maubeuge, la petite cousine du Nord. Aldegonde l'a créée, le clair de lune l'a immortalisée, Feini X-Crew la chante, Nordine l'admire.

À vous de l'aimer.

# ÉPILOGUE

Ce tour de France s'achève.

Il est incomplet, bien sûr. Il oublie la Bretagne et le Sud-Ouest, les Alpes, la Normandie ou encore la Bourgogne.

Que ces régions n'aillent pas se croire au-dessus du lot pour autant. Chaque territoire a son maillon faible. On ne fait pas le malin quand on habite à Charleville-Mézières, Laval, Nevers ou Bourg-en-Bresse.

Pourtant, et c'est le principal enseignement de ce voyage, ces villes continuent d'être habitées. Certains s'y morfondent, d'autres s'y plaisent – tous y vivent. Cela n'a l'air de rien, mais il est important de le dire. Combien de fois se demande-t-on en traversant une bourgade déserte : mais qui peut bien vivre ici ?

Cette question, je n'ai cessé de me la poser tout au long de mes pérégrinations. D'abord avec un brin de sarcasme, puis avec une curiosité grandissante. Bien m'en a pris car c'est la rencontre avec l'autochtone qui a rendu mon voyage plus beau. Que serait pour moi Vierzon sans Rémy, Maubeuge sans Nordine, Saint-Nazaire sans Elsa, Cholet sans Myriam la châtelaine ?

Même sans le facteur humain, chacune des villes que j'ai visitées vaut le coup d'œil. On peut y aller les yeux fermés – ou du moins entrouverts. Seulement il faut s'y rendre avec une âme de brocanteur, prêt à faire le tri, à voir beaucoup de médiocrité avant de dénicher la perle qui compensera tout le reste. Il faut être prêt à se salir les yeux, à perdre son temps, à s'énerver, à déprimer un peu, à se questionner beaucoup. Un lieu non touristique (ou si peu) demande du travail sur soi. Mais la récompense est à la hauteur de l'effort fourni. Et quand bien même ne le serait-elle pas, que perd-on à passer un week-end à Cergy-Pontoise plutôt qu'à Prague ? Un week-end, précisément.

Visiter passivement un lieu est le meilleur moyen de passer à côté. Personne ne veut ressembler à ces touristes ballottés d'une capitale européenne à l'autre, prisonniers de leur car et de leur guide. Que voient-ils de la France ? La quintessence, le best of : la tour Eiffel et les Galeries Lafayette. Qu'en retirent-ils ? Rien (si : un sac Vuitton et quelques photos). C'est donc que la France ne se résume pas à ses plus beaux sites, ni à ses griffes les plus prestigieuses.

Notre « beau pays » n'est pas qu'un « beau pays ». Il n'est pas qu'une succession de sites Unesco et de jardins remarquables. Il est aussi une mosaïque de lieux secondaires, ingrats de prime abord, décevants parfois, mais essentiels. Ils permettent au touriste de respirer, de souffler un peu entre un château classé et une « ville d'art et d'histoire ». Ils rappellent surtout que la France a une histoire : telle vallée sinistrée ne l'a pas toujours été ; telle station thermale a connu des jours meilleurs ; tel port a connu un âge d'or. La population est partie, les centres-ville s'étiolent, mais ces lieux ont encore quelque chose à nous dire. Il suffit de savoir les écouter.

Mon périple dans cette France oubliée, mal-aimée, moquée, m'aura enseigné une leçon : un lieu n'est insipide que parce qu'on l'a décidé. Je ne dis pas qu'il faut revoir tous nos classements ni que tout se vaut. Mais jamais au cours de mes différents séjours je ne me suis ennuyé. Jamais je n'ai tourné en rond au point de vouloir décamper plus tôt que prévu. Au contraire, j'ai souvent manqué de temps pour tout voir – j'avais pourtant choisi, entre mille, des lieux dénués de tout.

Je retournerai avec plaisir partout où j'ai été. Ces chères petites villes font désormais partie de ma famille géographique.

Que sait-on de la France quand on connaît Paris, mais pas Cergy ? Toulouse, mais pas Mulhouse ? Saint-Tropez, mais pas Saint-Nazaire ? Que sait-on d'un pays quand on ne voit que son profil le plus avantageux ? J'encourage chacun à explorer le côté obscur de cette France que l'on juge un peu vite « grise », « médiocre », « vide ».

Il faudrait être soi-même gris, médiocre et vide pour se contenter de ça.

# REMERCIEMENTS

Je tiens à remercier chaleureusement toutes les personnes qui ont bien voulu me consacrer un peu de leur temps sur place : Dom Poirier, Sandra Dreux, Martine Thérouanne, Hugues Bachelot, Baptiste Ridoux, Christophe Rameix, Abdillah Rahilou, Bley Mokono, Gaëlle Amand, Jacques Corbin, Éric Morin, Myriam de Romans, Édith Duchesne, Rémy Beurion, Patrick Deville, Elsa Osorio, Raye et David Glossop, Hélène Collet, Philippe Maille, Sylvaine Vaudron, Antoine Terrak, Elza Lacotte, Jérôme Birochau, Nordine Bouhoun, Stéphane Kajé.

J'adresse également mes remerciements sincères aux structures touristiques qui m'ont apporté une aide technique :

— Office de tourisme de Mulhouse ;
— Destination 70 ;
— Office de tourisme de Vesoul ;
— Agence de développement et réservation touristiques (ADRT) de la Creuse ;
— Office de tourisme de Cergy-Pontoise ;
— Office de tourisme de Cholet et du Choletais ;

— Agence régionale Pays de la Loire ;
— Agence de développement du tourisme et des territoires (Ad2T) du Cher ;
— Loire-Atlantique développement ;
— Saint-Nazaire tourisme et patrimoine ;
— Meuse Tourisme ;
— Moselle Tourisme ;
— Route des villes d'eau du Massif central ;
— Office de tourisme intercommunal de la Dracénie ;
— Var Tourisme ;
— Office de tourisme de Maubeuge.

# TABLE DES MATIÈRES


*Prologue* .......... 7

Mulhouse .......... 11
Vesoul .......... 25
Guéret .......... 39
Cergy .......... 53
Cholet .......... 69
Vierzon .......... 83
Saint-Nazaire .......... 99
Verdun .......... 115
Vallée de la Fensch .......... 131
Châtel-Guyon .......... 145
Draguignan .......... 161
Maubeuge .......... 177

*Épilogue* .......... 195

*Remerciements* .......... 199

Les boules à neige du *Tour de France des villes incomprises* ont été réalisées à partir des photographies qui suivent.

Mulhouse : Jack Torcello – flickr.com
Vesoul : Tsekhmister – istockphoto.com
Guéret : DR
Cergy : Geralix – commons.wikimedia.org
Cholet : Chrisbrignell – istockphoto.com
Vierzon : Norbert Schnitzler – flickr.com
Saint-Nazaire : Ian Barbour – flickr.com
Verdun : Jeroen Fossaert – flickr.com
Vallée de la Fensch : Frank Weber – flickr.com
Châtel-Guyon : DR
Draguignan : Alexacel – fotolia.com
Maubeuge : NASA – commons.wikimedia.org

POCKET N° 16716

*« Mohamed Bekada a arpenté la France pour sensibiliser aux monuments délaissés. Un récit édifiant. »*

Le Parisien

**Mohamed BEKADA**

MA FRANCE MÉCONNUE

1er janvier 2014. Mohamed Bekada part seul, à pied, tractant derrière lui une « charrette » de 65 kilos, à la rencontre d'une France méconnue. Celle d'un patrimoine oublié, laissé à l'abandon. Autant de trésors cachés, recouverts de végétation, dégradés par le temps. Le but de Mohamed ? Marcher pour témoigner, alerter et réhabiliter ces chefs-d'œuvre menacés, parcourant 6 645 kilomètres à la rencontre des populations, ultimes gardiennes de ces petits bouts d'histoire. Une aventure humaine unique, un exploit sportif de grande envergure et une déclaration d'amour à la France…

Ouvrage composé par
PCA 44400 Rezé

Imprimé en Espagne par
Liberdúplex
à Sant Llorenç d'Hortons (Barcelone)
en mars 2018

POCKET – 12, avenue d'Italie – 75627 Paris Cedex 13

Mulhouse

Vesoul

GUÉRET

CERGY

Cholet

Vierzon